270 PUZZLES TO K

BRAIN YOUNG

7 DIFFERENT LOGIC PUZZLE STYLES

Author:

Aenigmatis

First published 2018

ISBN-13: 9781719851619

7 PUZZLE TYPES

• ENTRY-EXIT

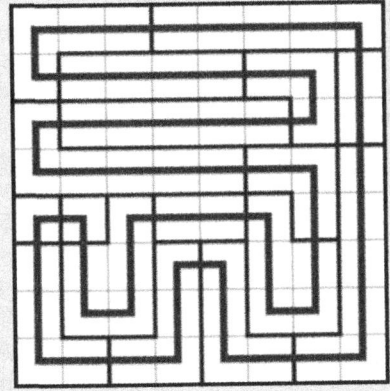

• MILK TEA
(ALSO KNOWN AS MIRUKUTI)

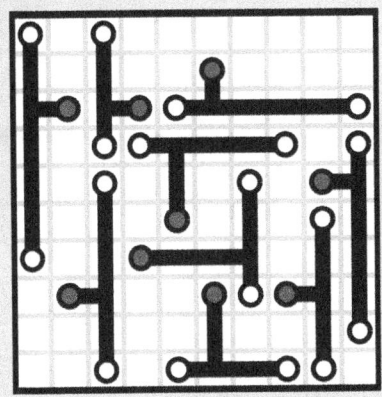

• MILK TEASE
(VARIATION OF MIRUKUTI)

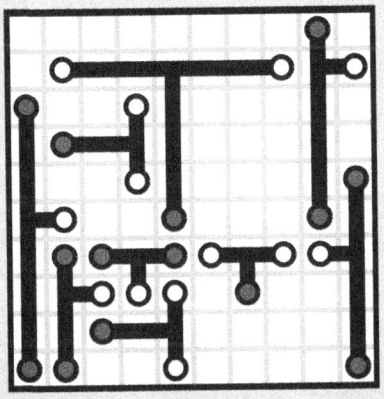

• NUMBER LINK
(ALSO KNOWN AS ARUKONE)

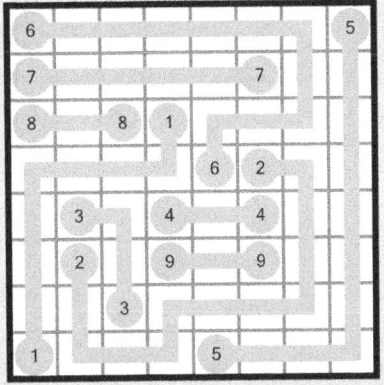

• TRACE NUMBERS

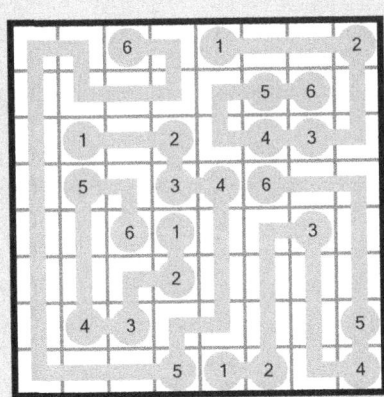

• AREA DIVISION

• GALAXIES
(ALSO KNOWN AS TENTAI SHOW)

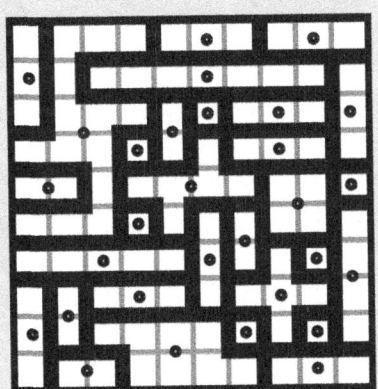

ENTRY-EXIT

- The grid has been divided into regions
- The aim is to draw a single continuous non-intersecting loop that passes through all cells (no diagonal lines are allowed)
- The loop can enter and exit each region only once

One cell

One region

Loop

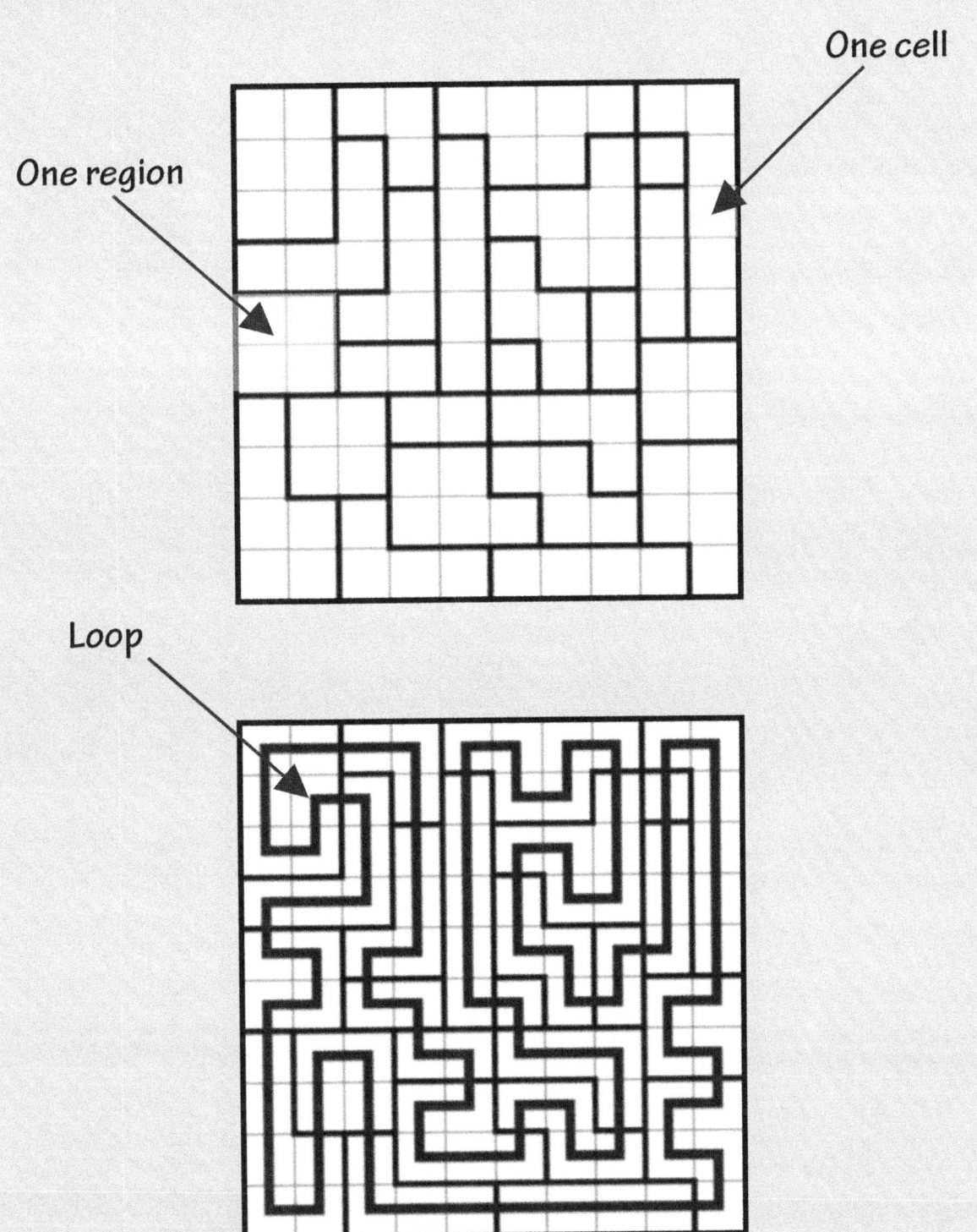

O1

O2

O3

O4

O5

O6

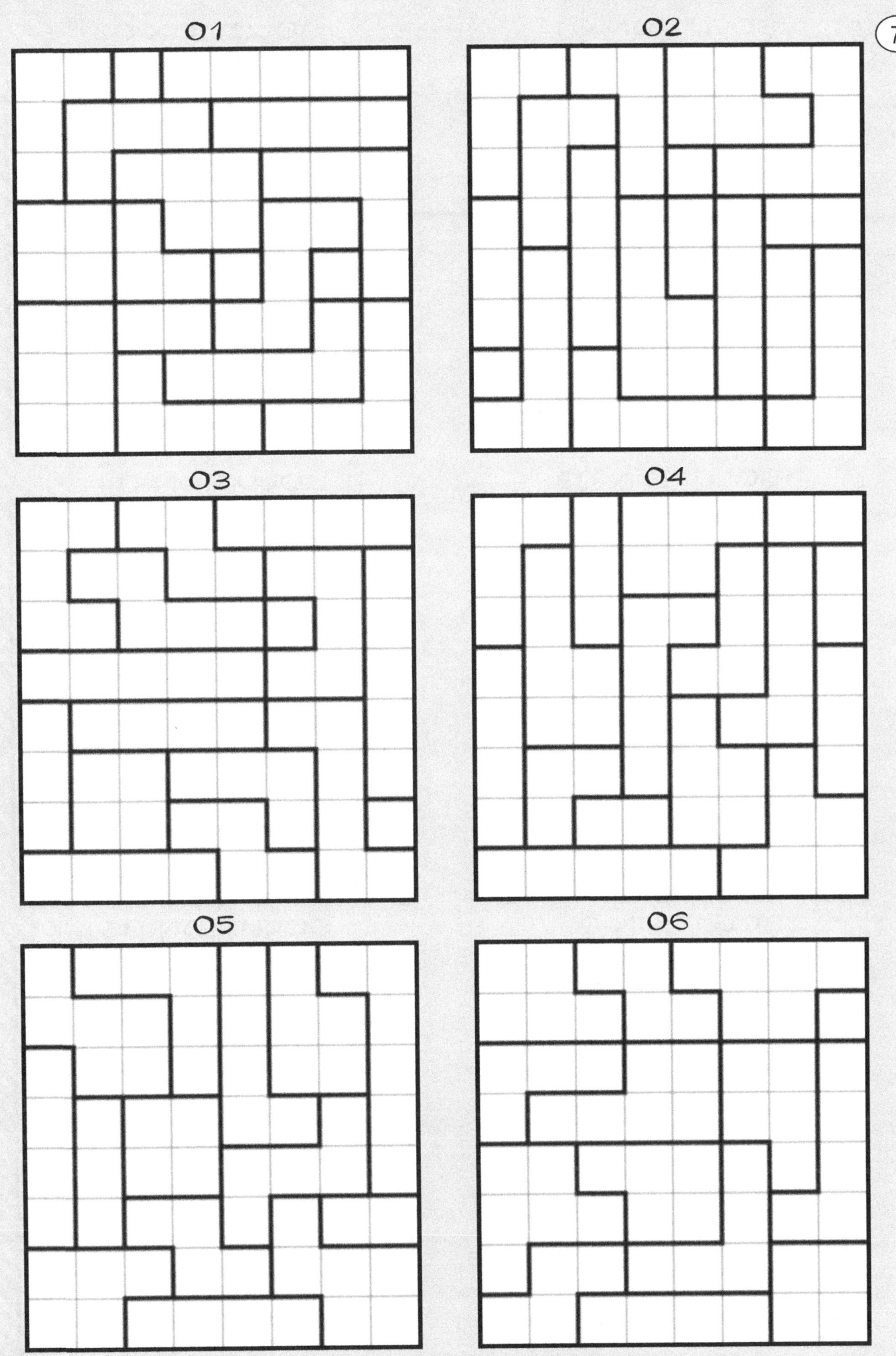

07

08

09

10

11

12

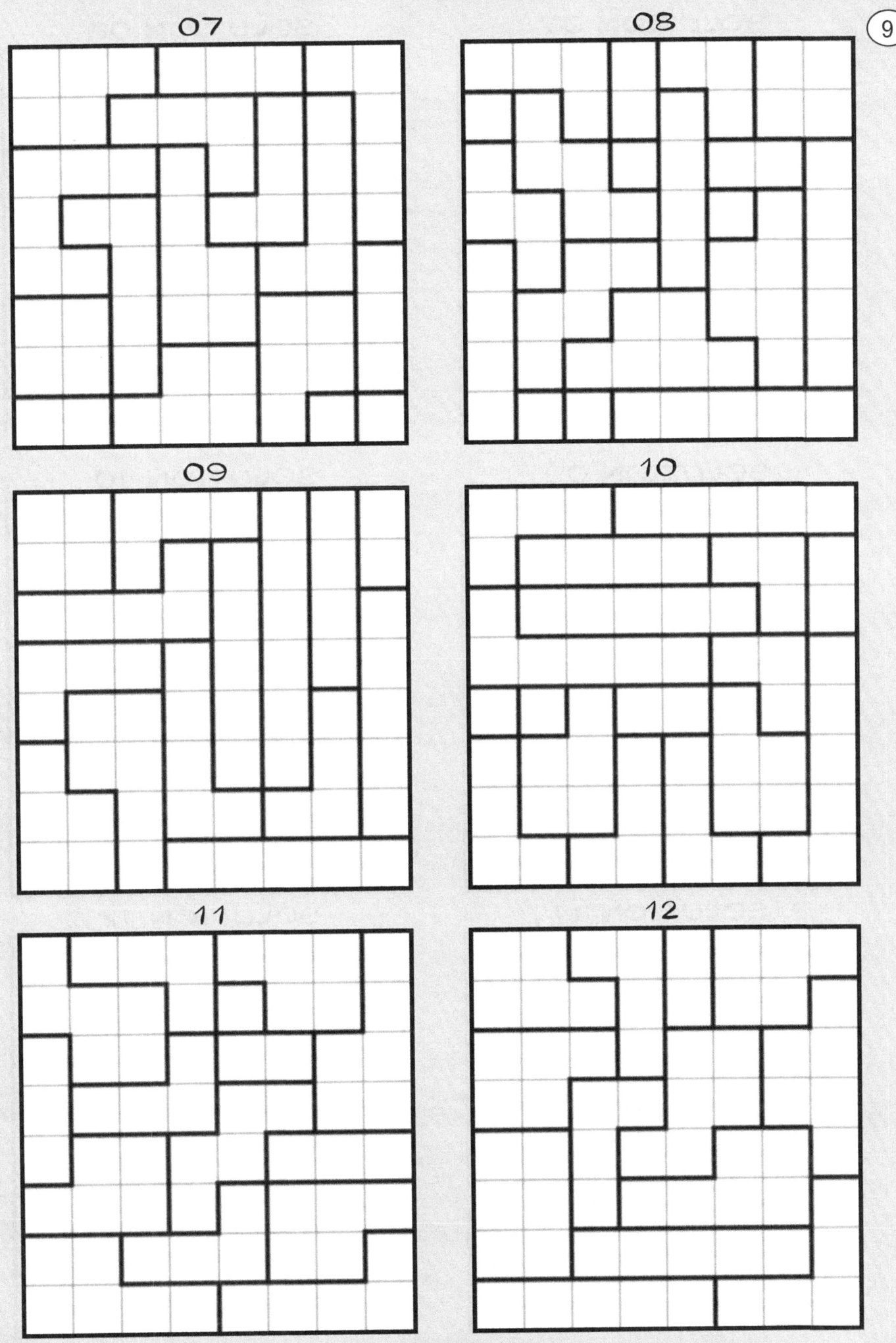

SOLUTION 07

SOLUTION 08

SOLUTION 09

SOLUTION 10

SOLUTION 11

SOLUTION 12

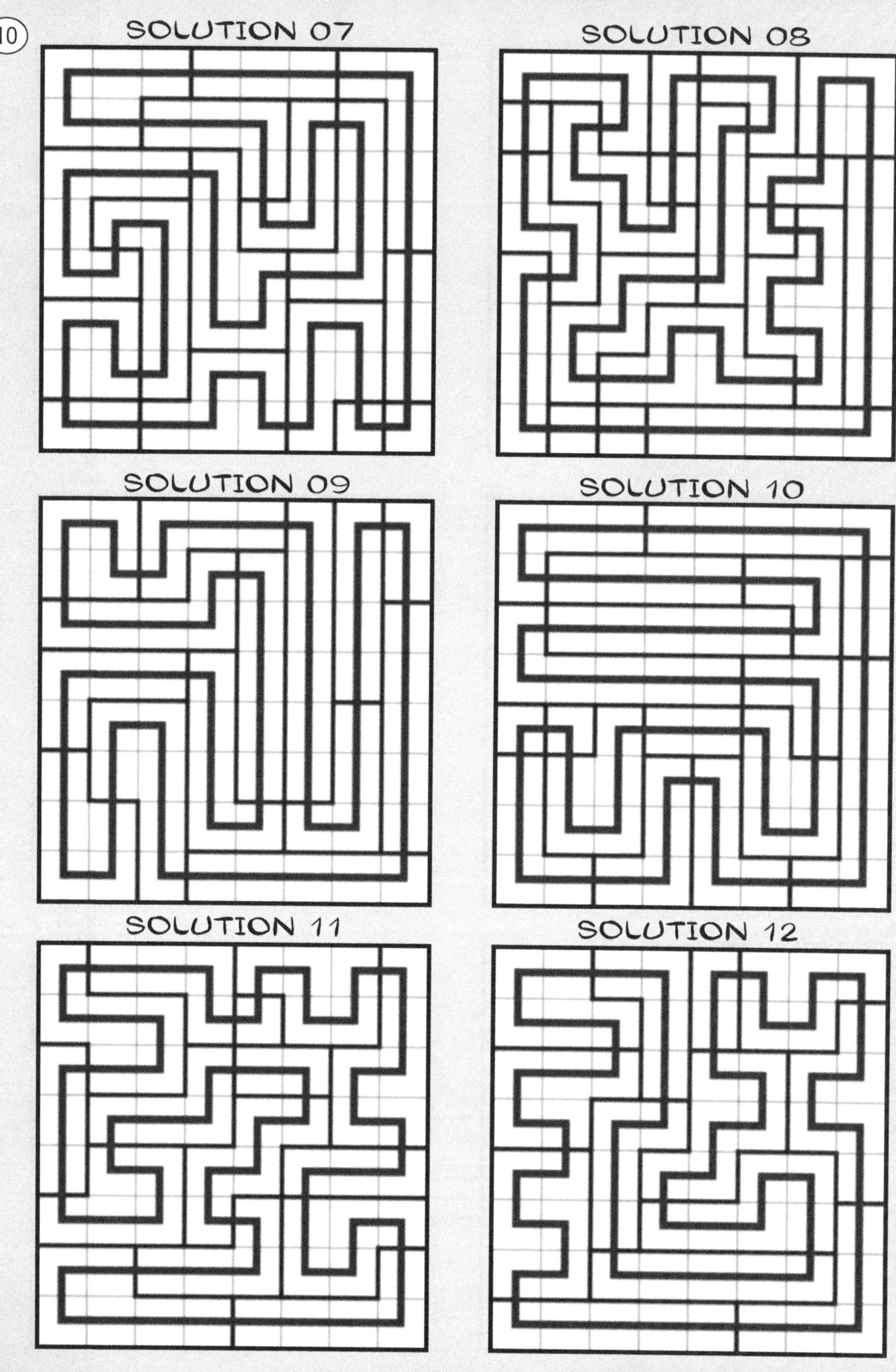

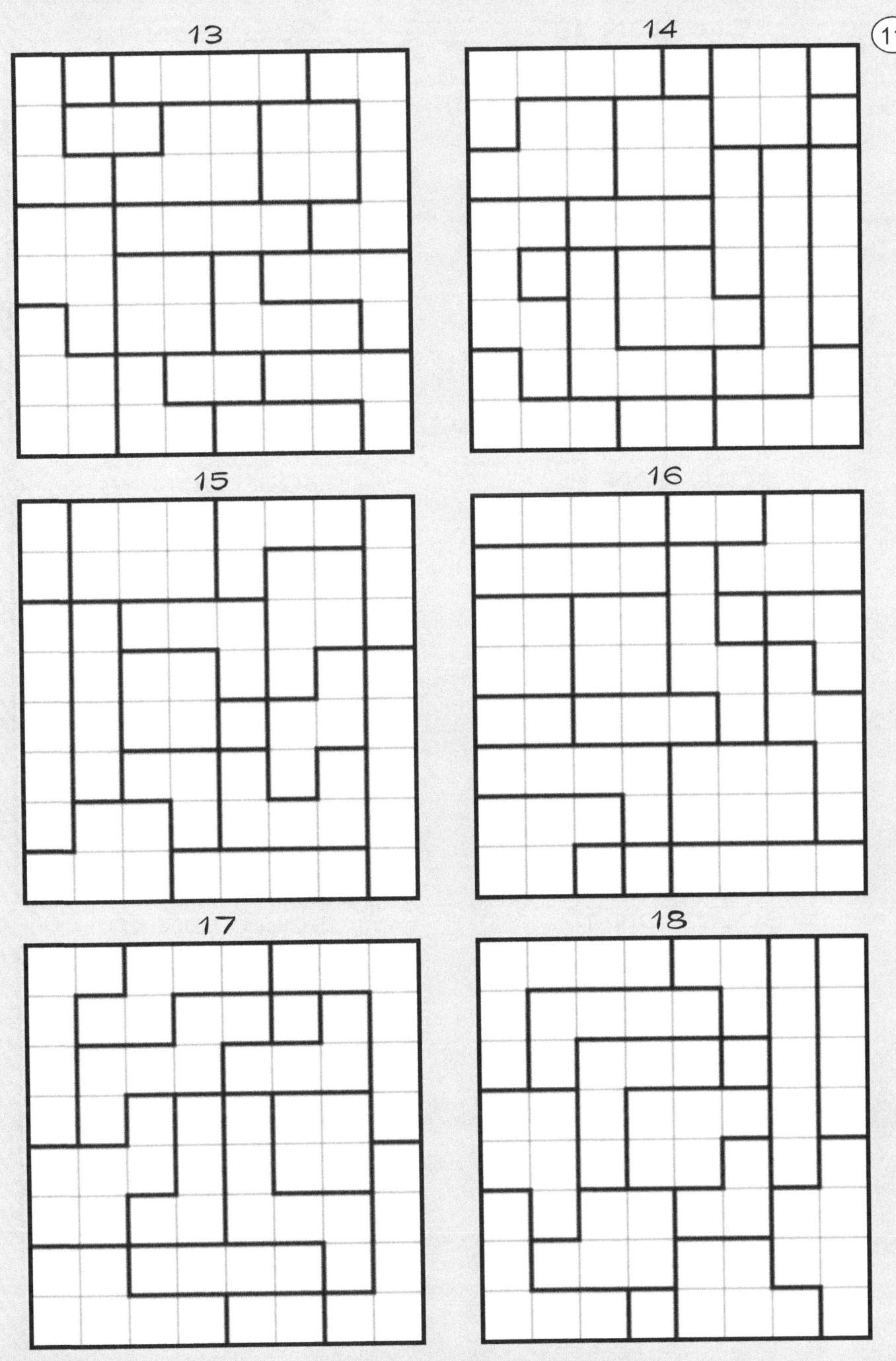

13

14

11

15

16

17

18

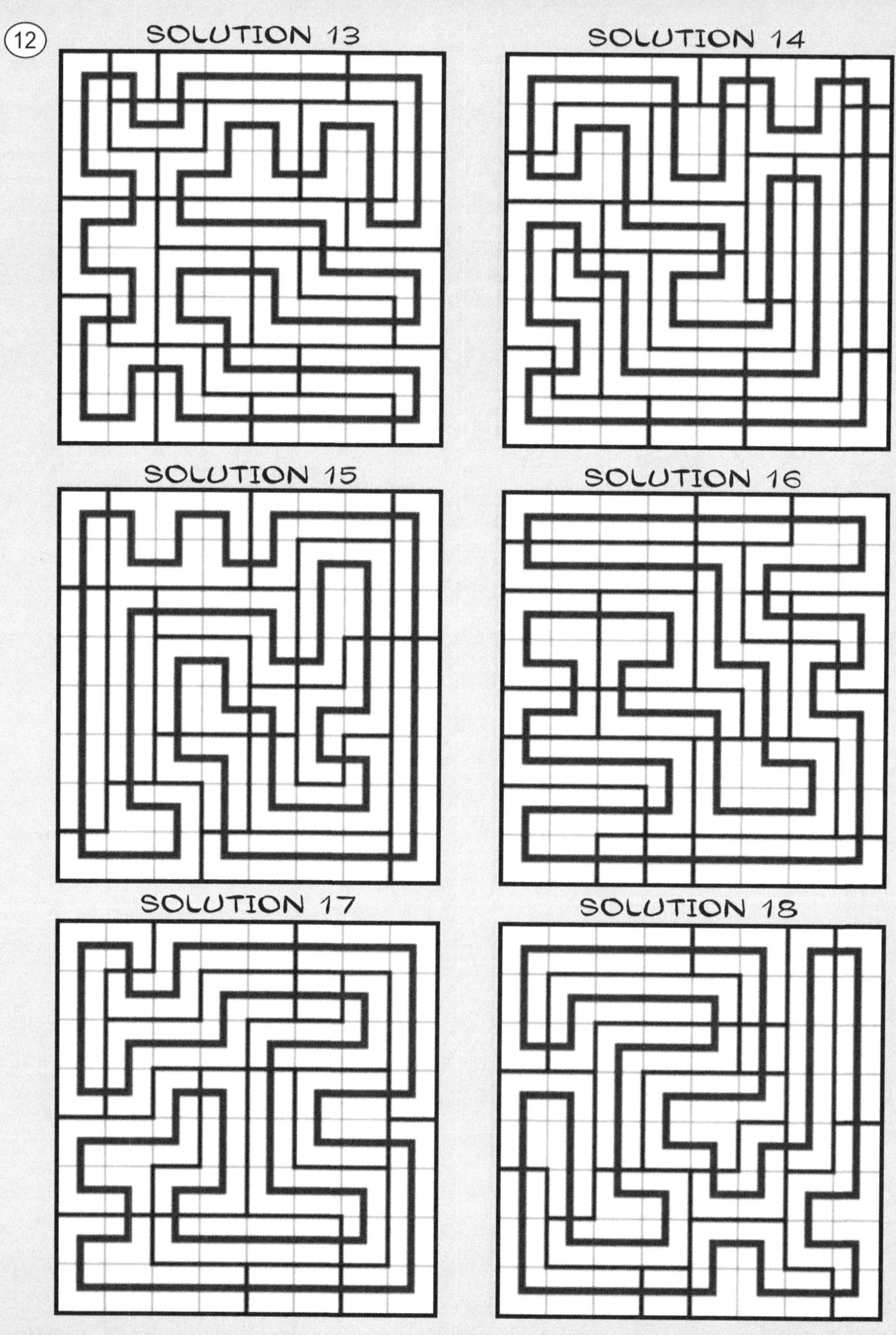

SOLUTION 13

SOLUTION 14

SOLUTION 15

SOLUTION 16

SOLUTION 17

SOLUTION 18

12

19

20

21

22

23

24

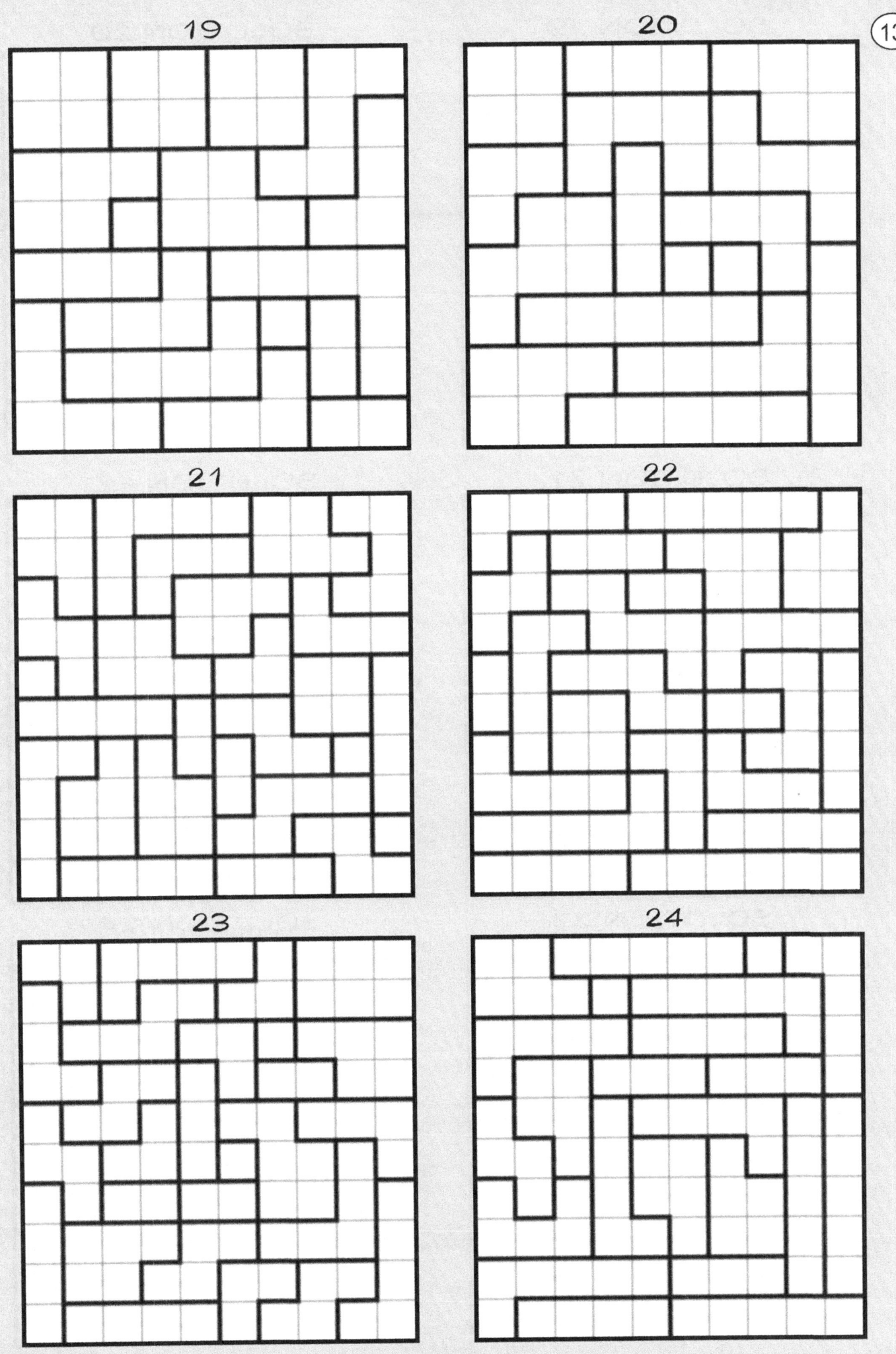

SOLUTION 19

SOLUTION 20

SOLUTION 21

SOLUTION 22

SOLUTION 23

SOLUTION 24

25

26

27

28

29

30

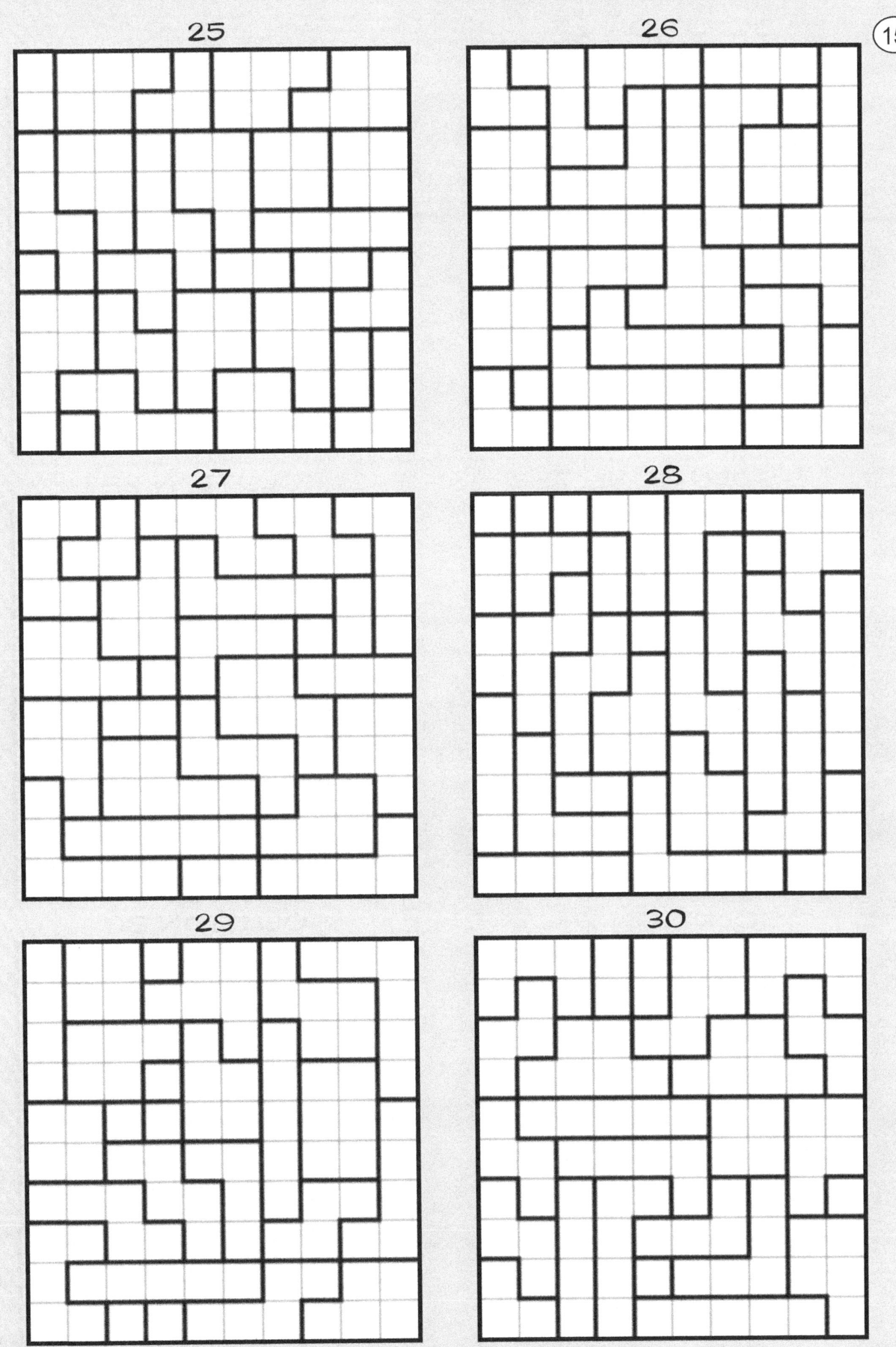

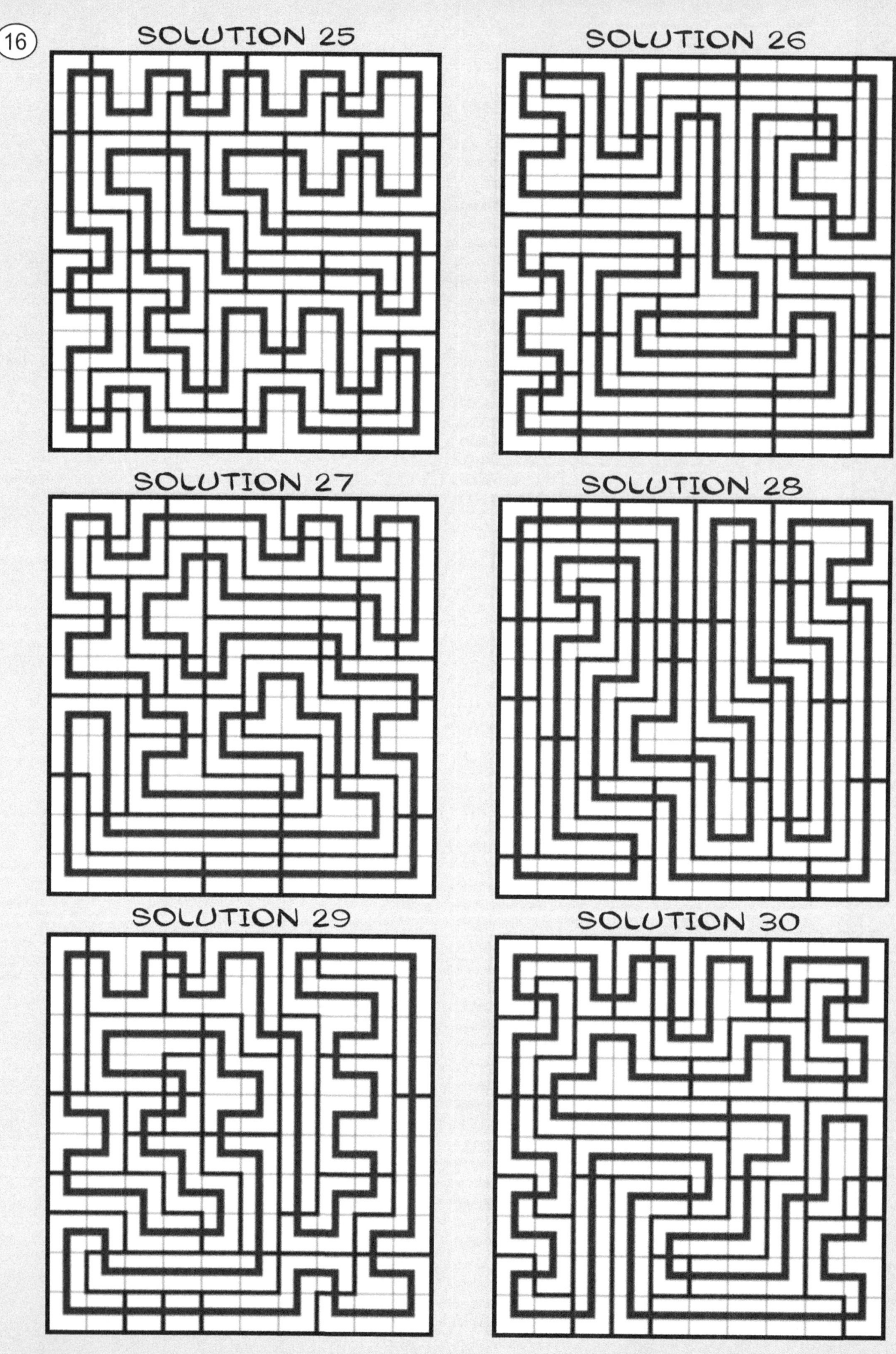

SOLUTION 25

SOLUTION 26

SOLUTION 27

SOLUTION 28

SOLUTION 29

SOLUTION 30

16

31

32

33

34

35

36

SOLUTION 31

SOLUTION 32

SOLUTION 33

SOLUTION 34

SOLUTION 35

SOLUTION 36

37

38

39

40

41

42

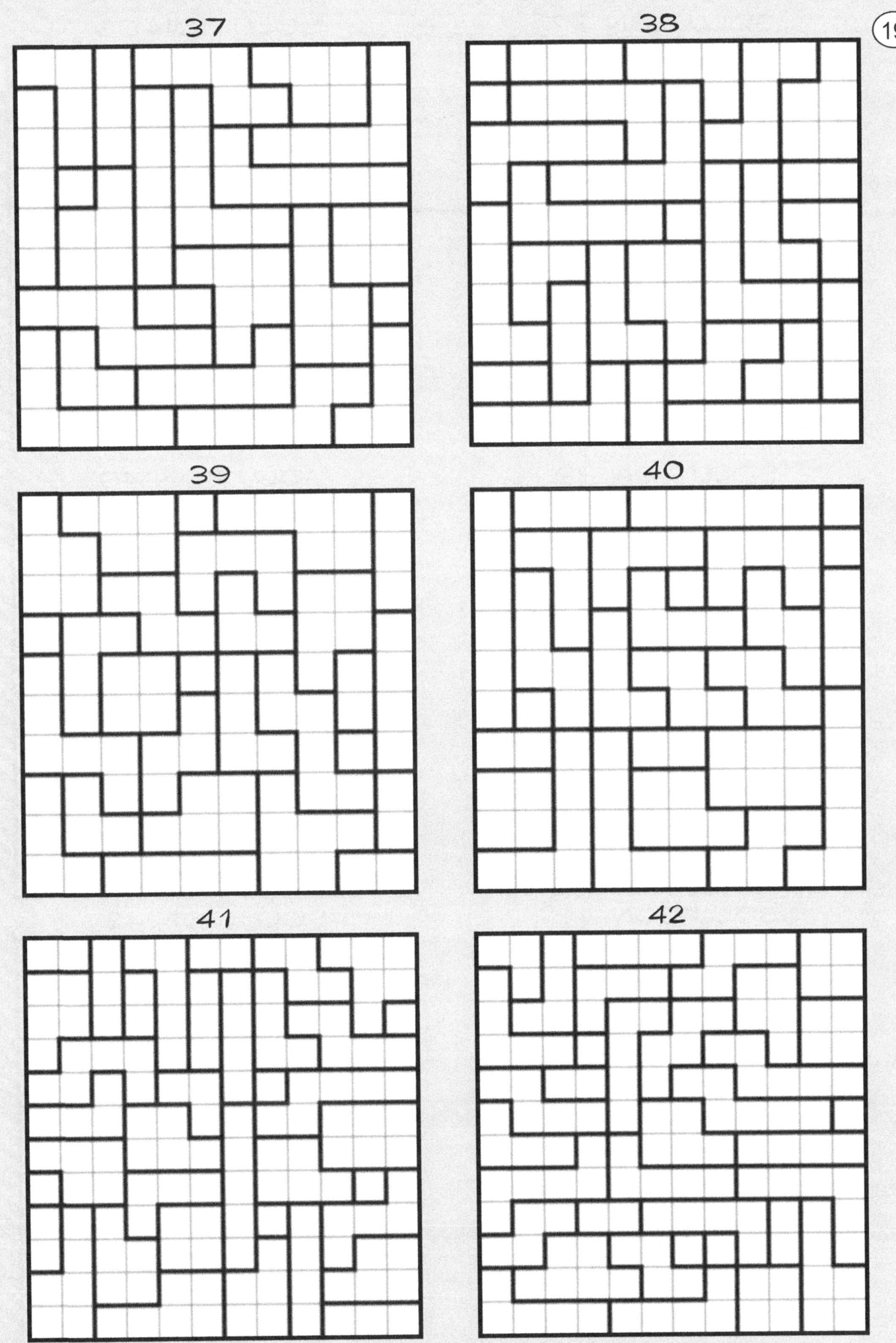

SOLUTION 37

SOLUTION 38

SOLUTION 39

SOLUTION 40

SOLUTION 41

SOLUTION 42

SOLUTION 43

SOLUTION 44

SOLUTION 45

SOLUTION 46

SOLUTION 47

SOLUTION 48

49

50

51

52

53

54

SOLUTION 49

SOLUTION 50

SOLUTION 51

SOLUTION 52

SOLUTION 53

SOLUTION 54

55

56

57

58

59

60

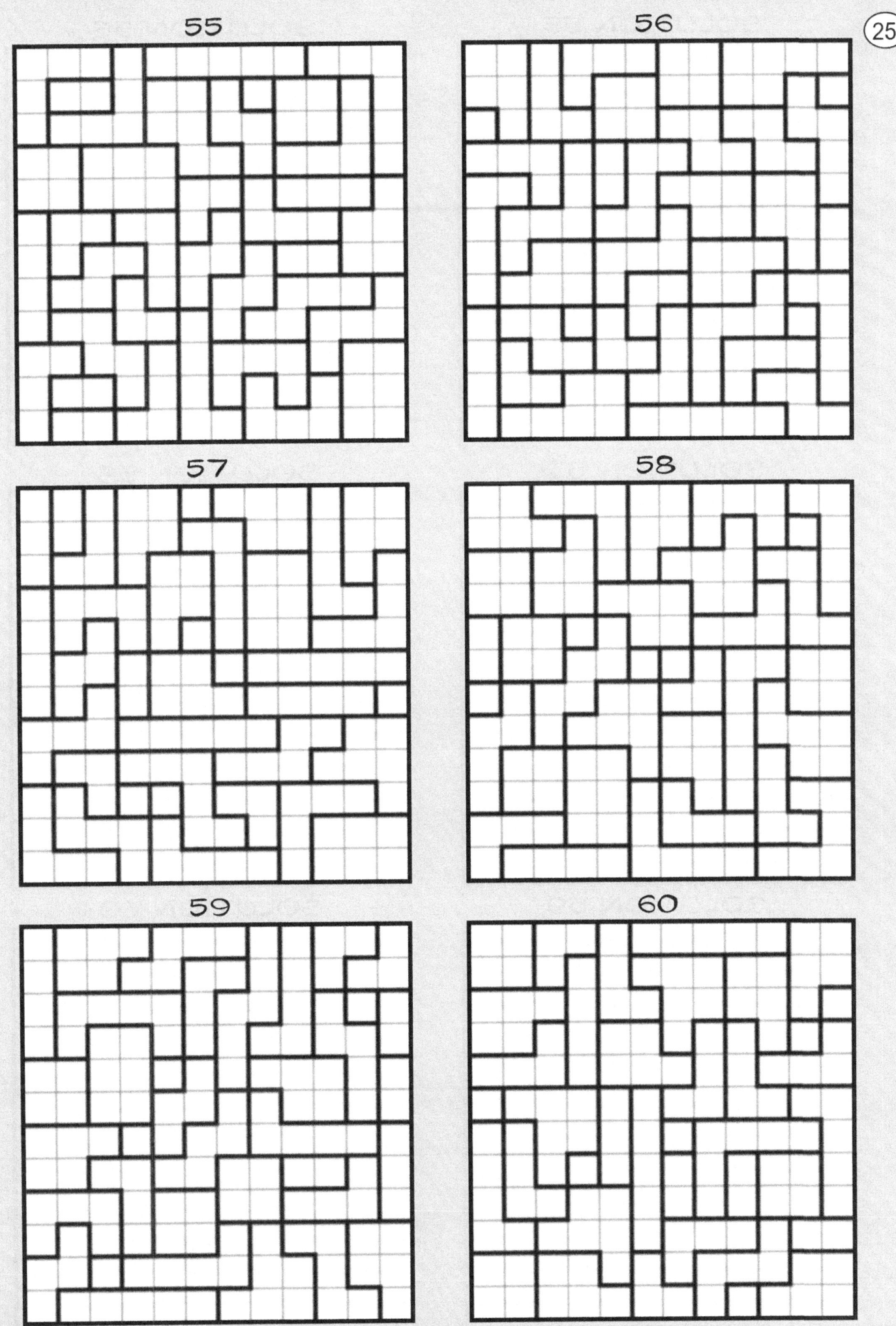

SOLUTION 55

SOLUTION 56

SOLUTION 57

SOLUTION 58

SOLUTION 59

SOLUTION 60

MILK TEA (MIRUKUTI)

- The grid has black and white circles in some of the cells
- Try to connect groups of three circles (one black circle and two white circles) in a T-shape
- Two white circles must be connected in a line and anywhere along this line another line is drawn perpendicular (90 degrees) to connect to any black circle, to form the T-shape
- The lines must not cross other lines and cannot be diagonal

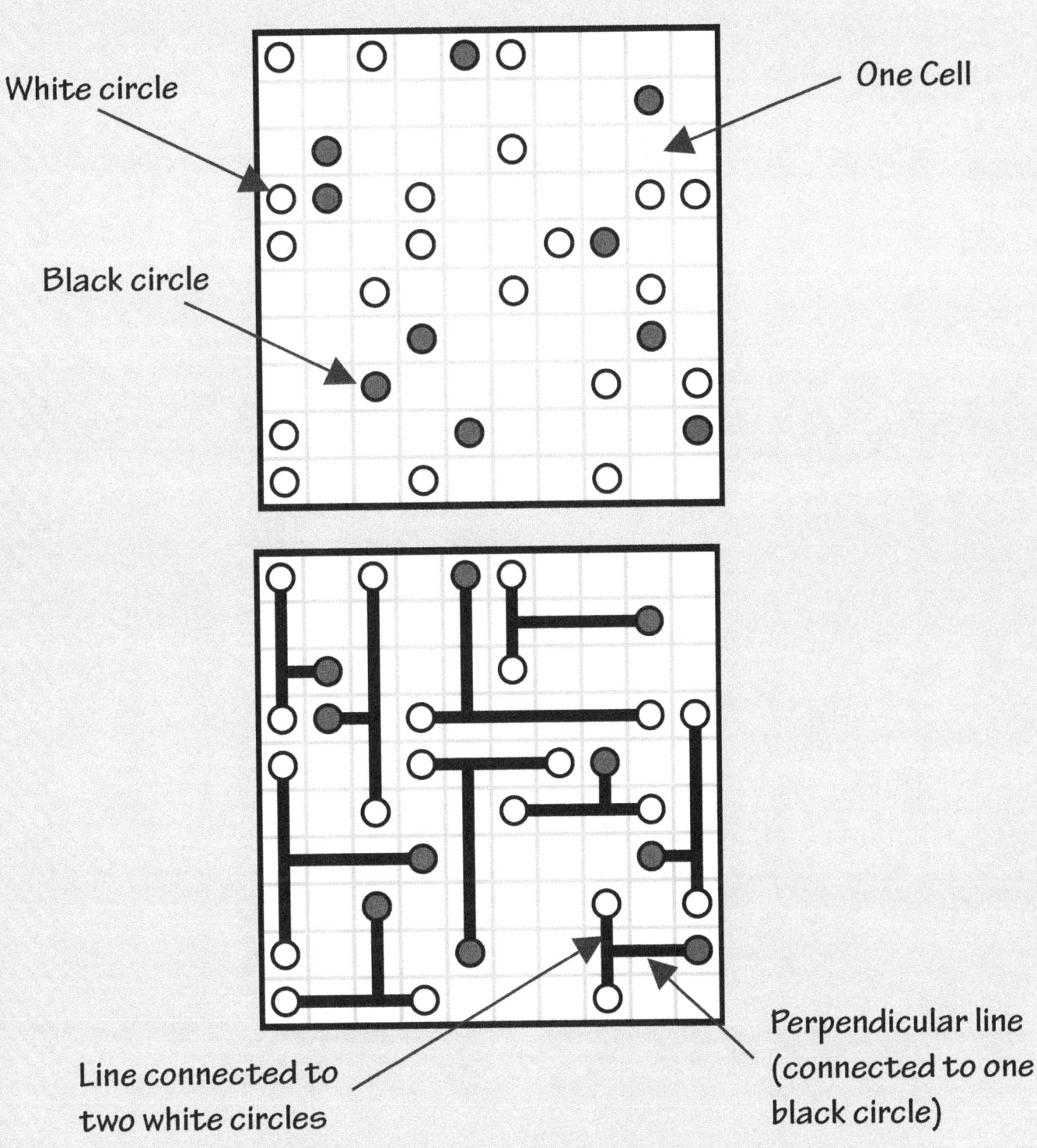

White circle

One Cell

Black circle

Line connected to two white circles

Perpendicular line (connected to one black circle)

61

62

63

64

65

66

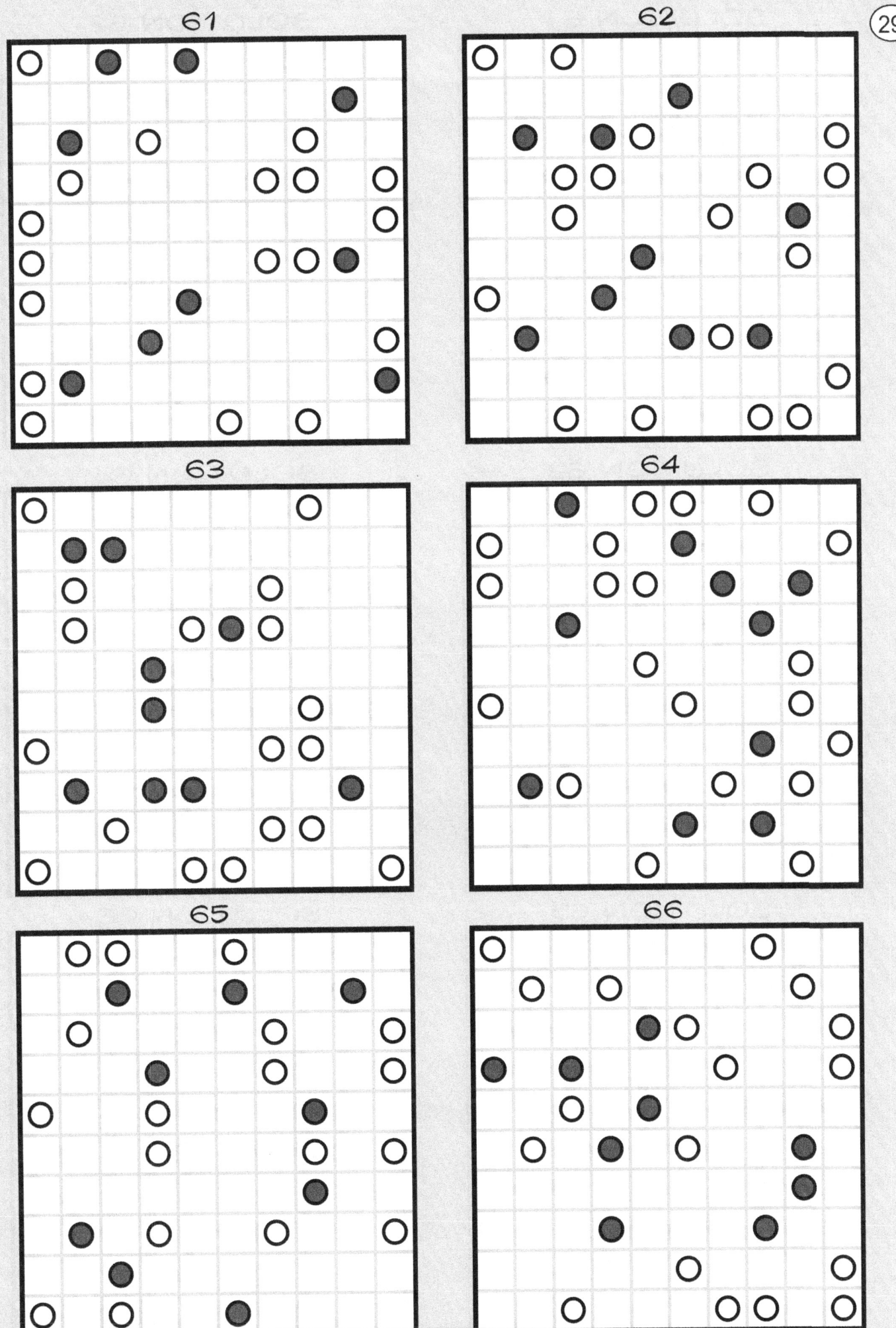

SOLUTION 61

SOLUTION 62

SOLUTION 63

SOLUTION 64

SOLUTION 65

SOLUTION 66

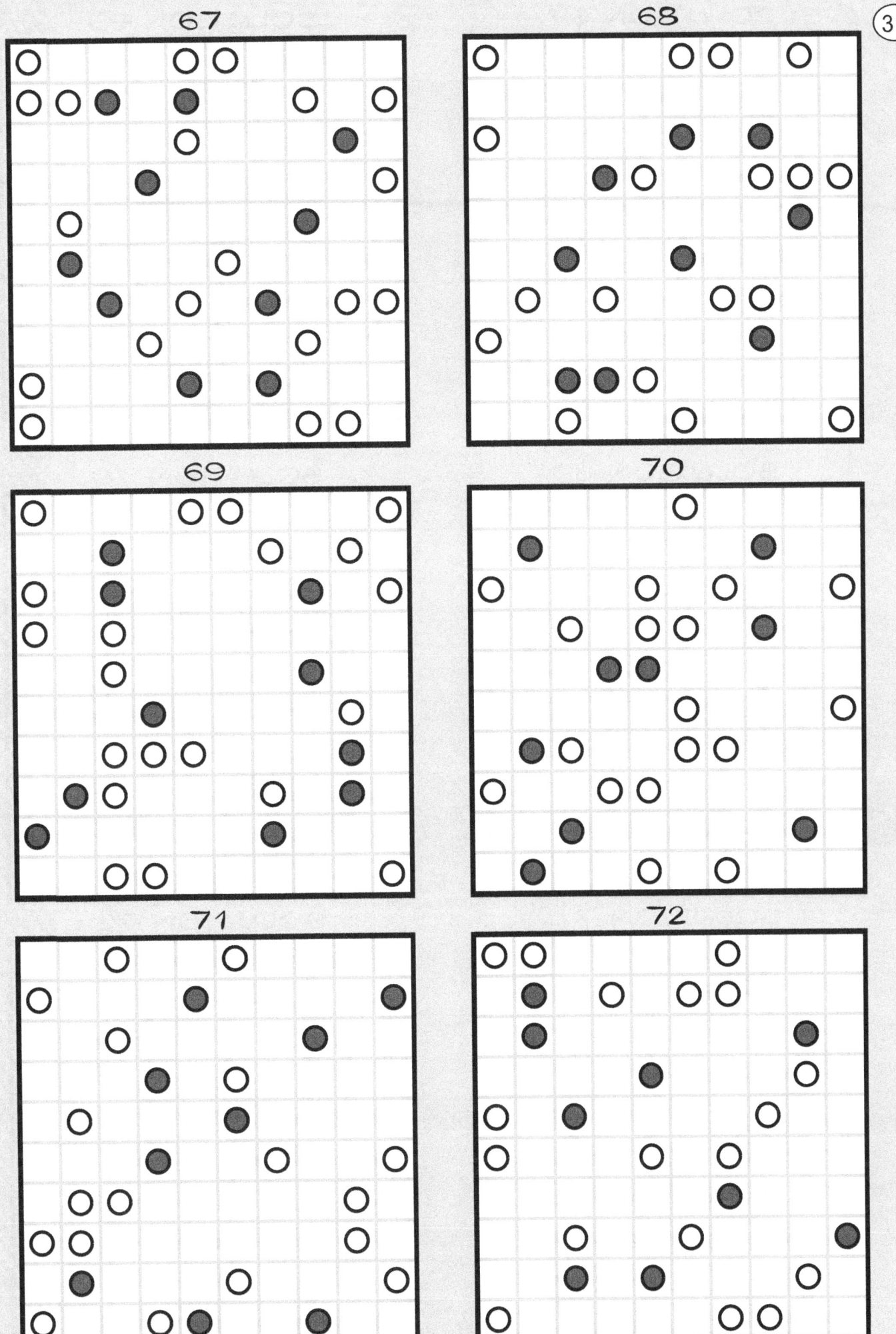

SOLUTION 67

SOLUTION 68

SOLUTION 69

SOLUTION 70

SOLUTION 71

SOLUTION 72

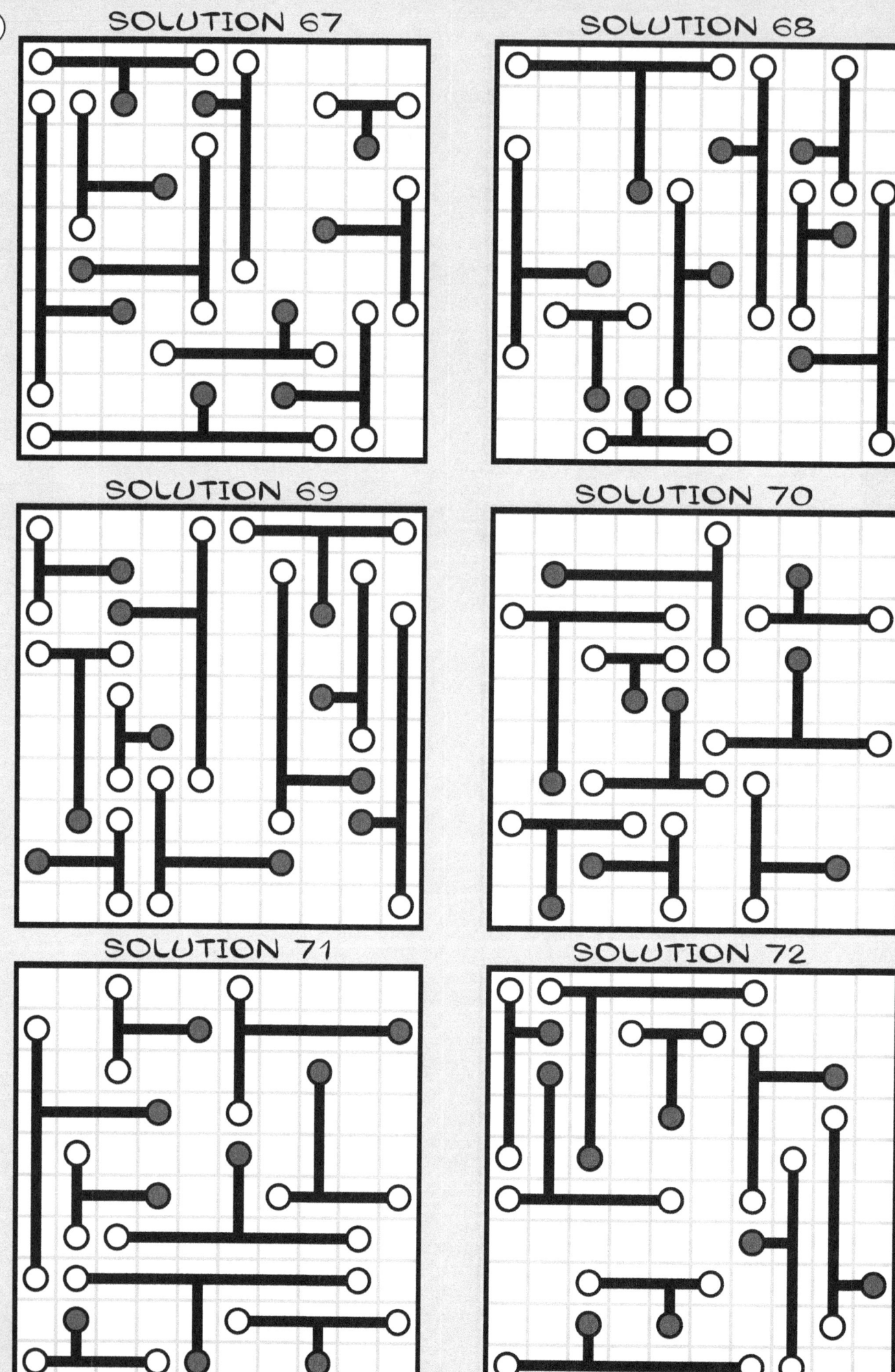

73

74

75

76

77

78

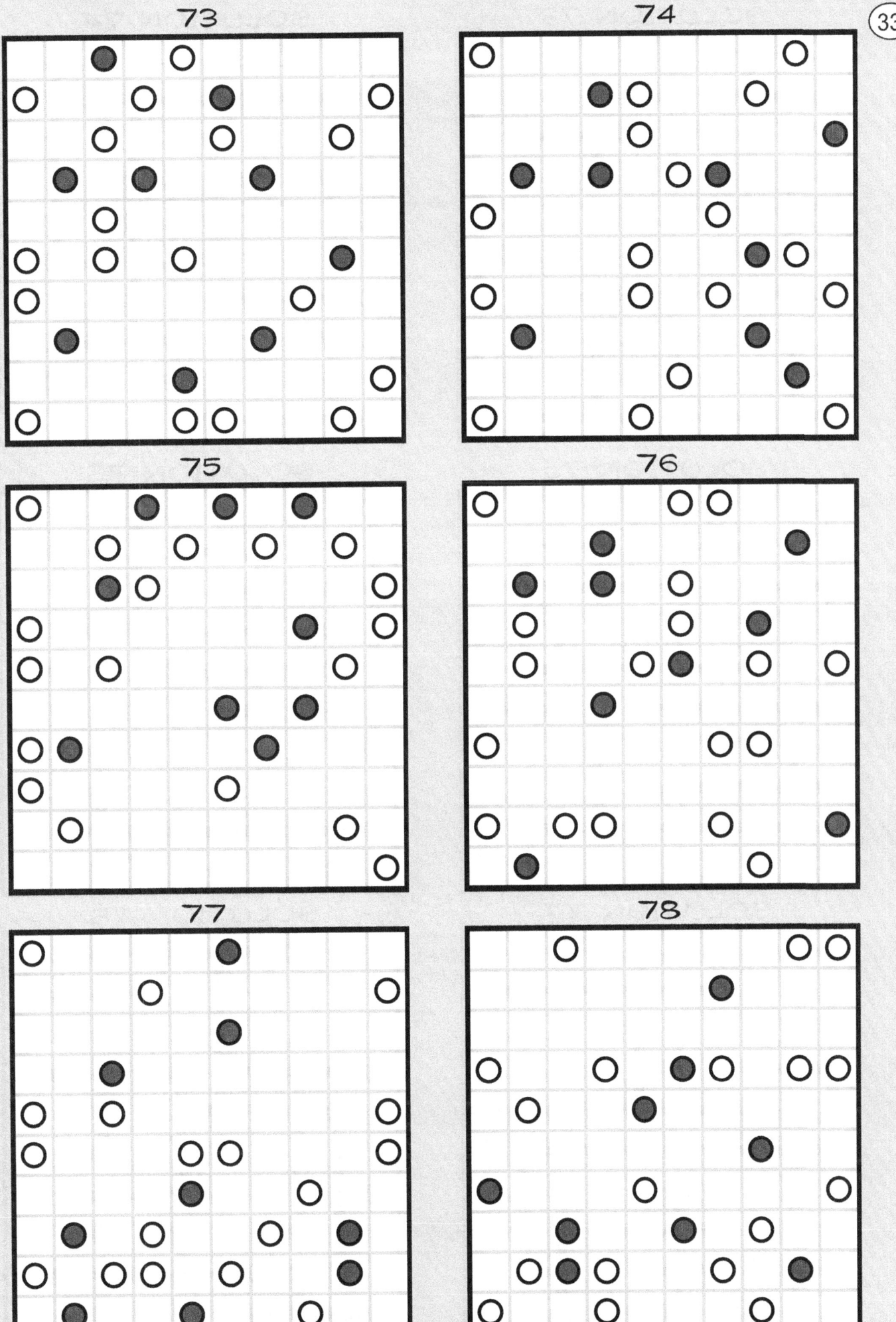

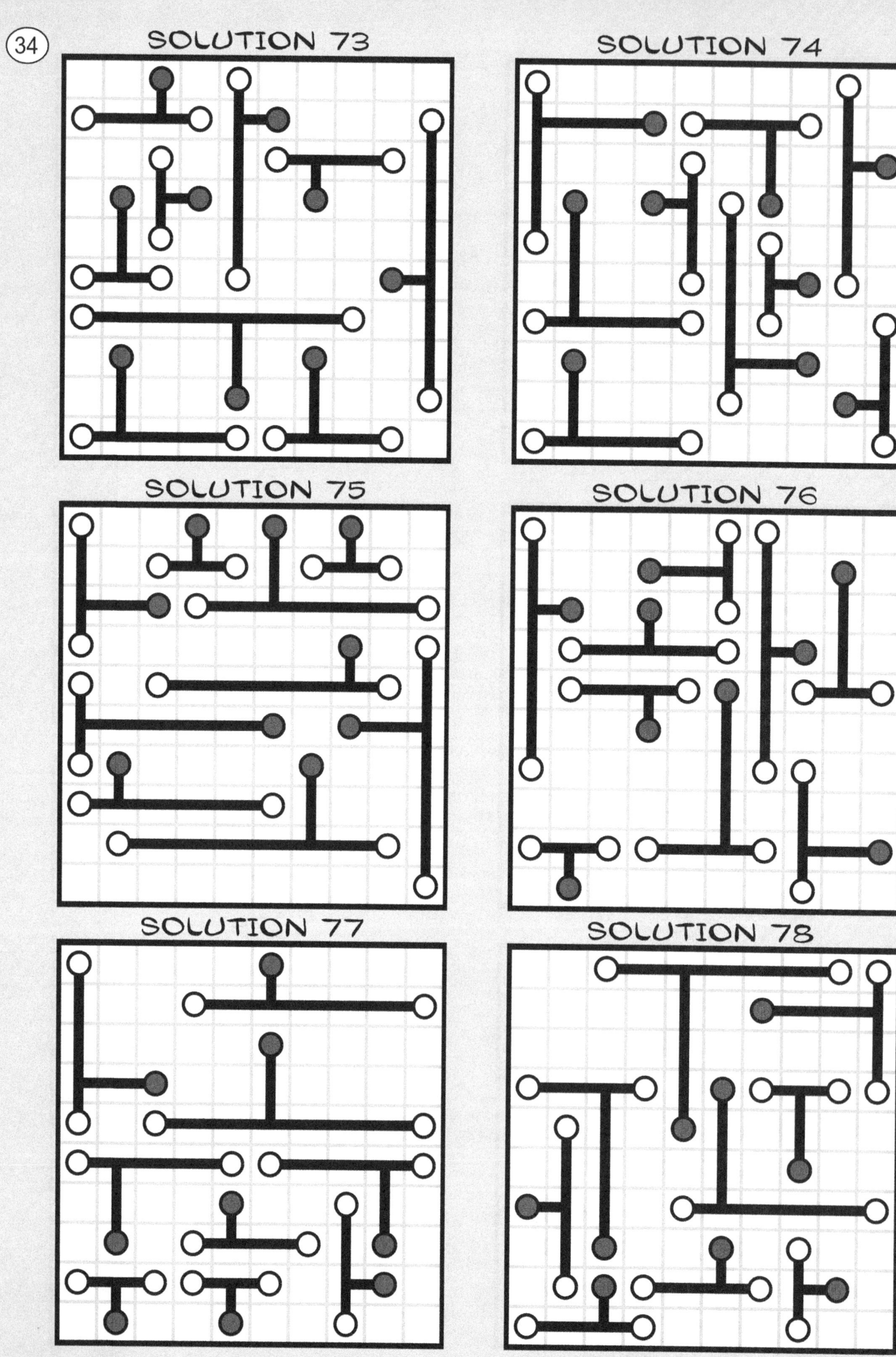

SOLUTION 73

SOLUTION 74

SOLUTION 75

SOLUTION 76

SOLUTION 77

SOLUTION 78

34

79 80

81 82

83 84

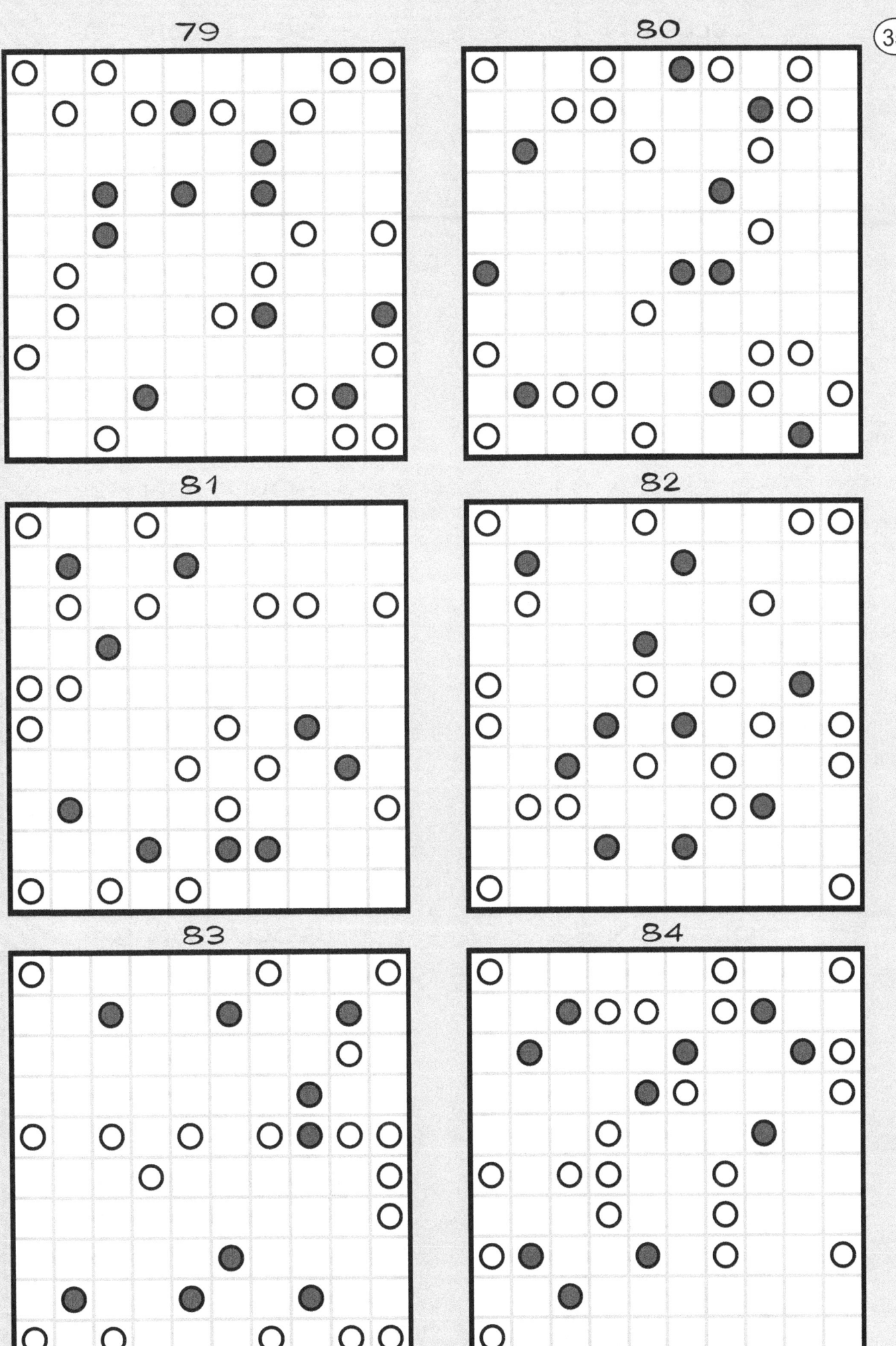

SOLUTION 79

SOLUTION 80

SOLUTION 81

SOLUTION 82

SOLUTION 83

SOLUTION 84

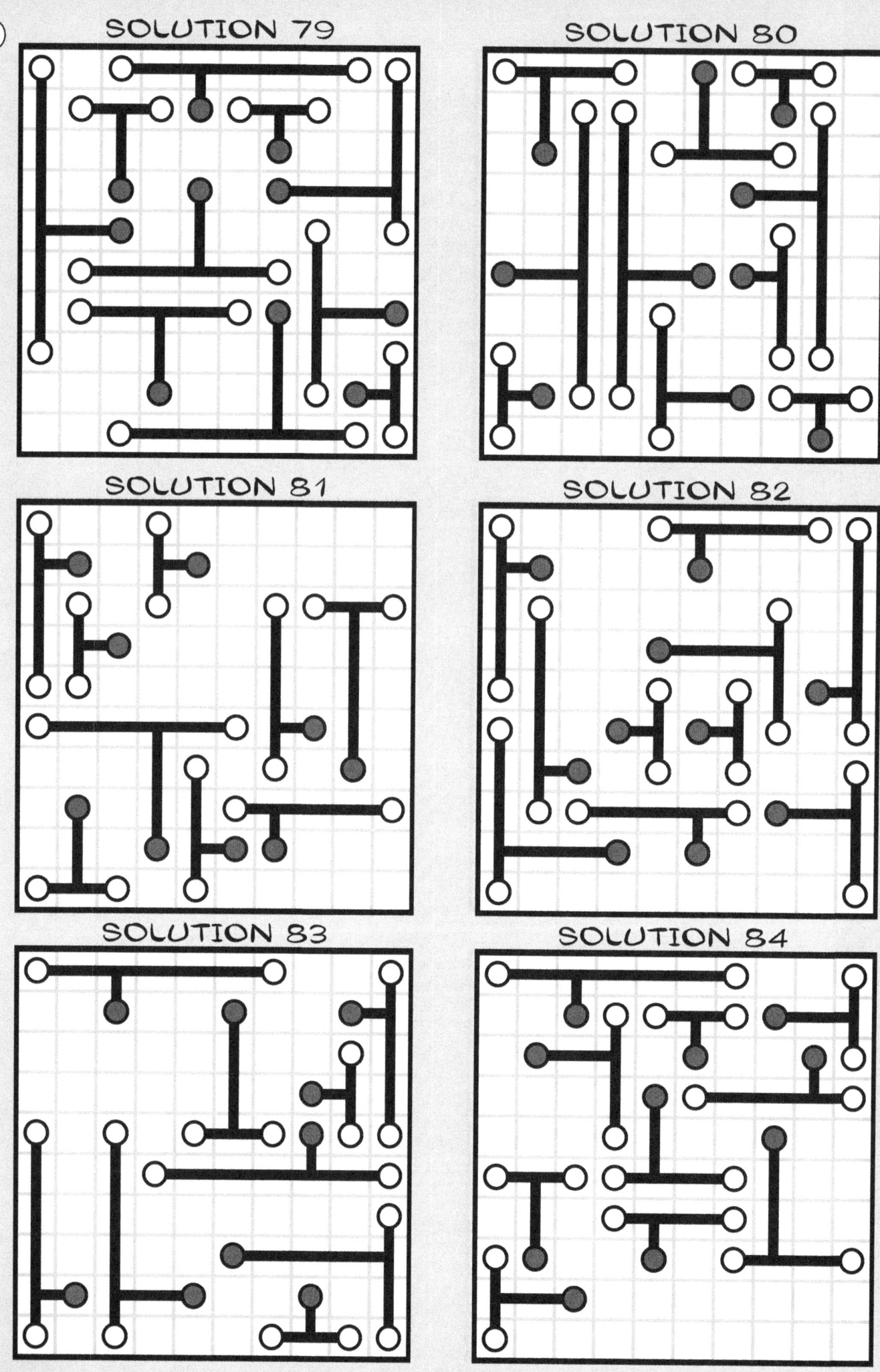

85

86

87

88

89

90

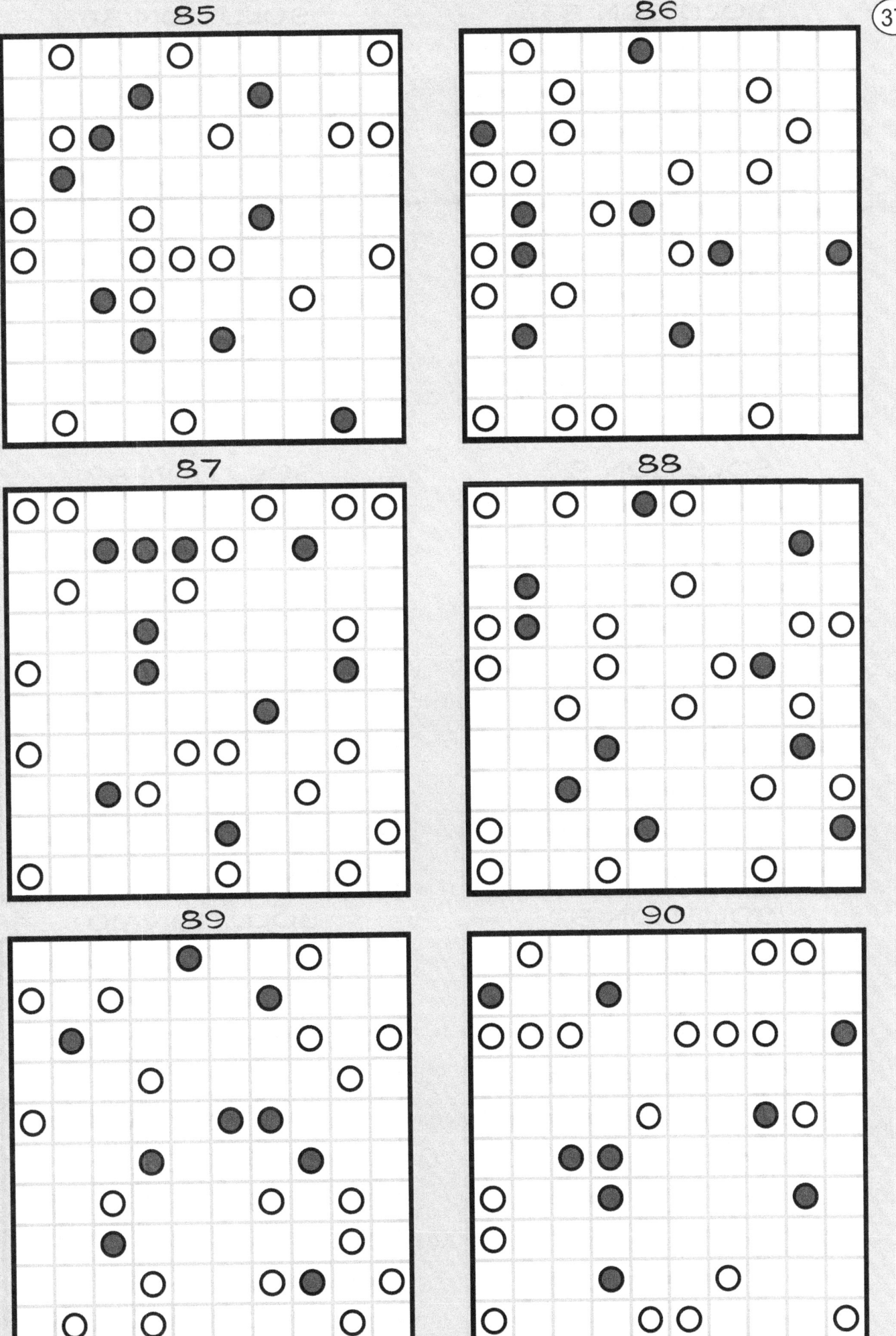

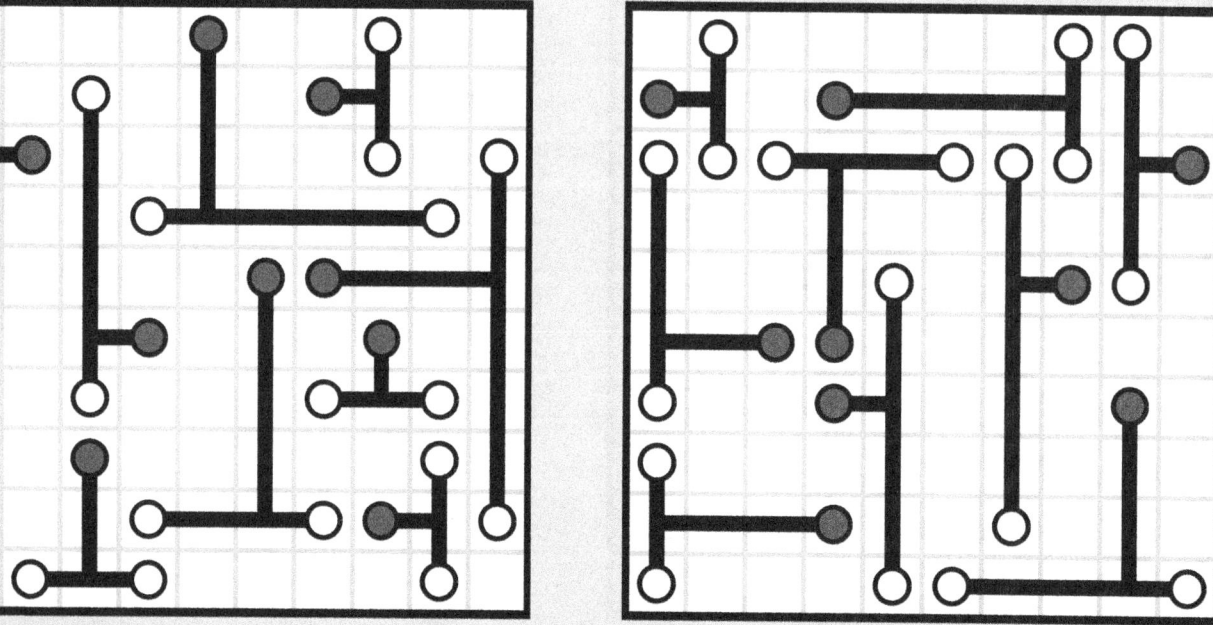

SOLUTION 85

SOLUTION 86

SOLUTION 87

SOLUTION 88

SOLUTION 89

SOLUTION 90

38

MILK TEASE (MIRUKUTI VARIANT) ㉟

- The grid has black and white circles in some of the cells
- Try to connect groups of three circles in a T-shape
- Two same color circles must be connected in a line and anywhere along this line another line is drawn perpendicular (90 degrees) to connect to the other color circle, to form the T-shape
  For example, either two white circles and one black circle OR two black circles and one white circle
- The lines must not cross other lines and cannot be diagonal

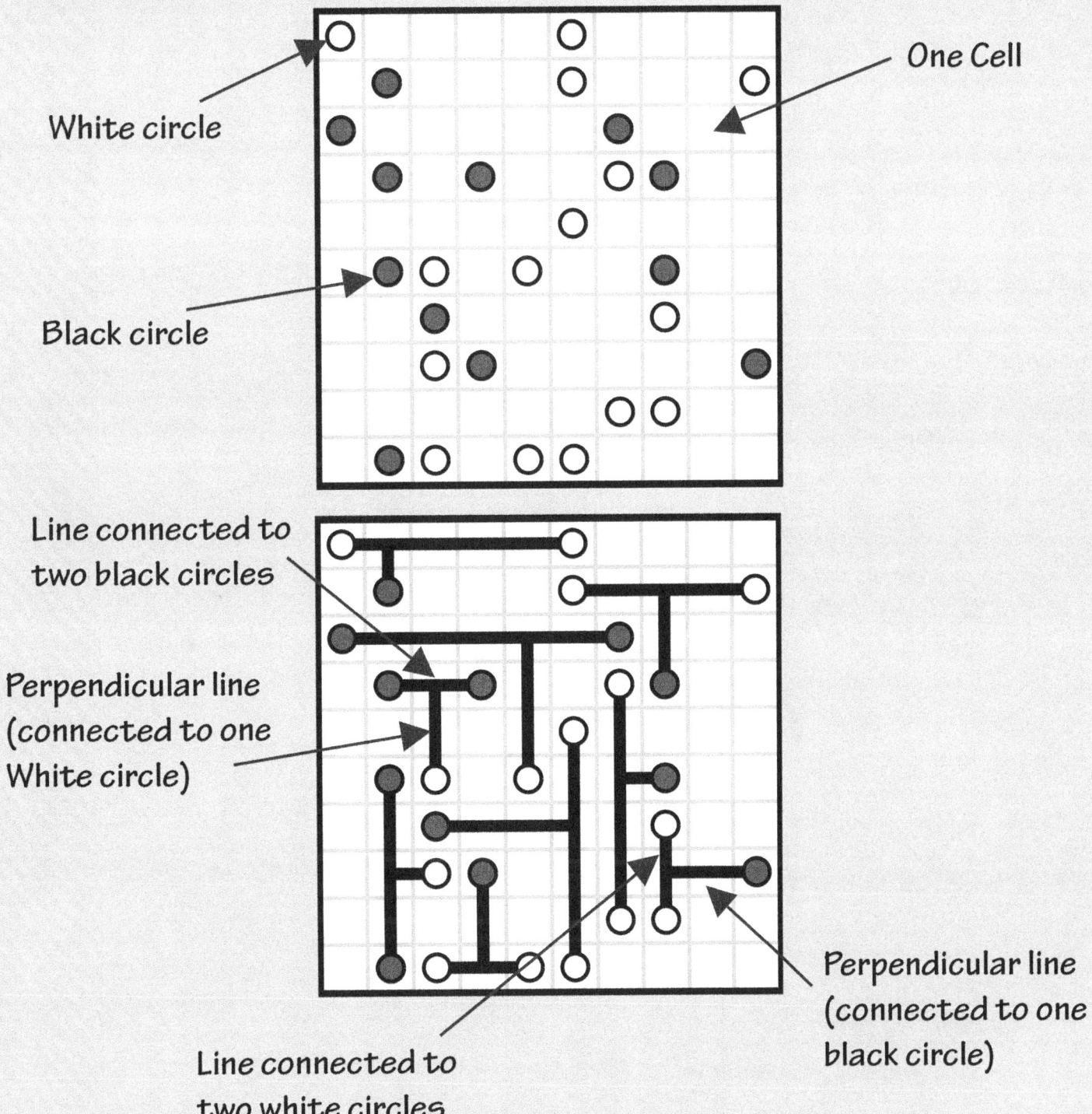

White circle

One Cell

Black circle

Line connected to
two black circles

Perpendicular line
(connected to one
White circle)

Perpendicular line
(connected to one
black circle)

Line connected to
two white circles

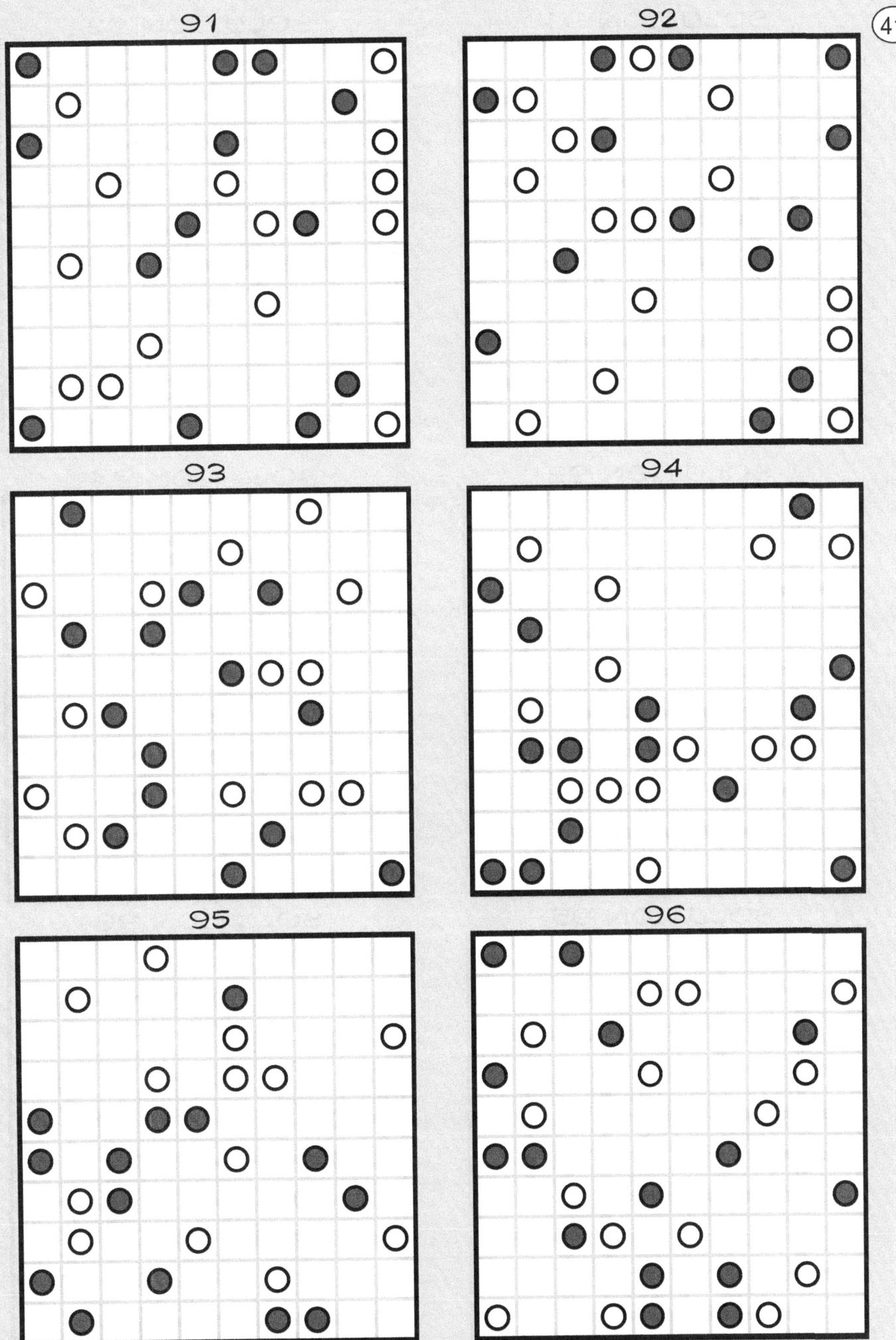

SOLUTION 91

SOLUTION 92

SOLUTION 93

SOLUTION 94

SOLUTION 95

SOLUTION 96

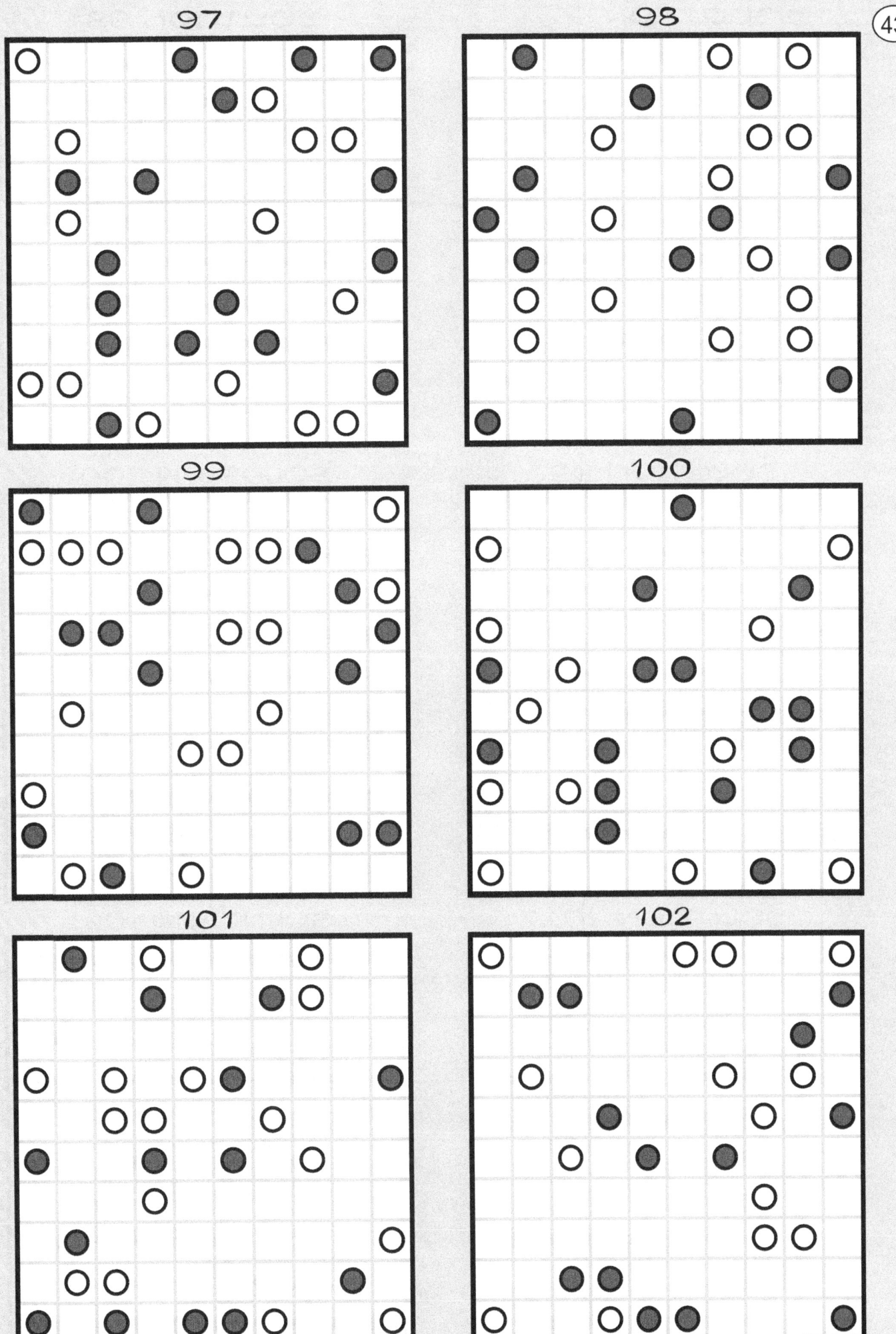

SOLUTION 97

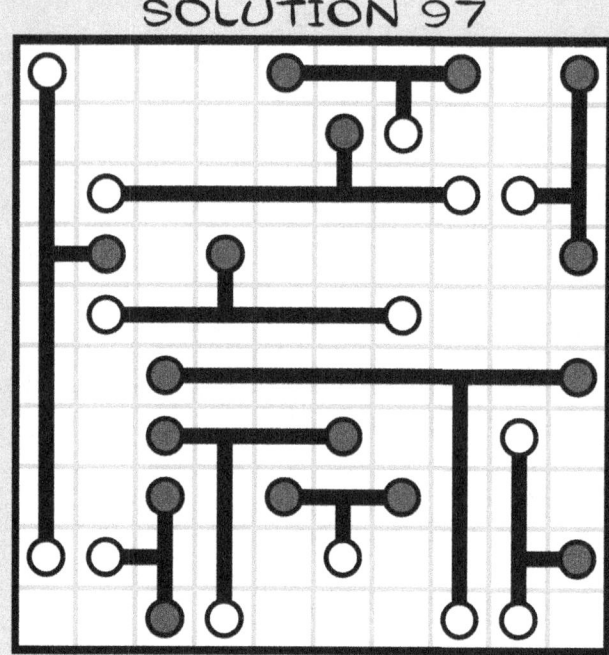

SOLUTION 98

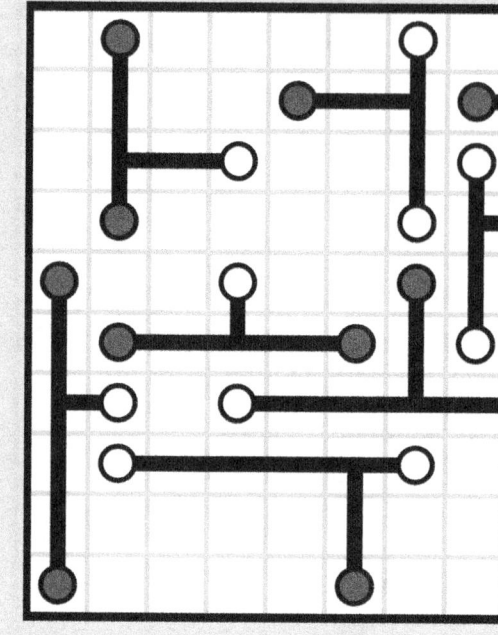

SOLUTION 99

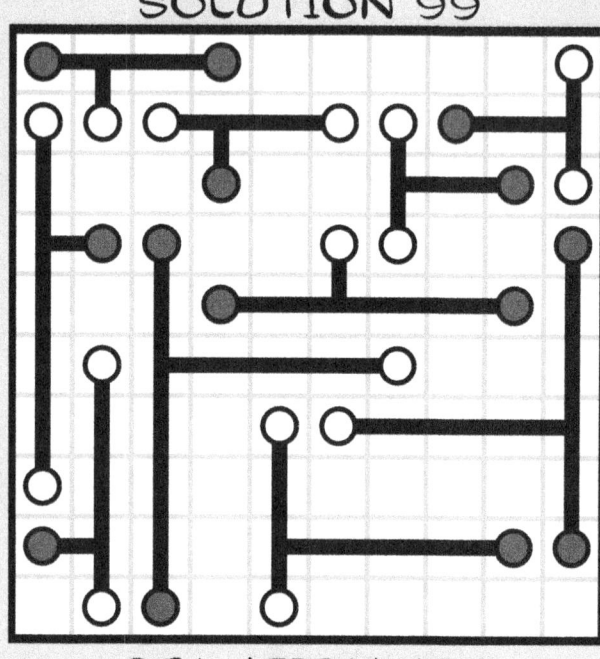

SOLUTION 100

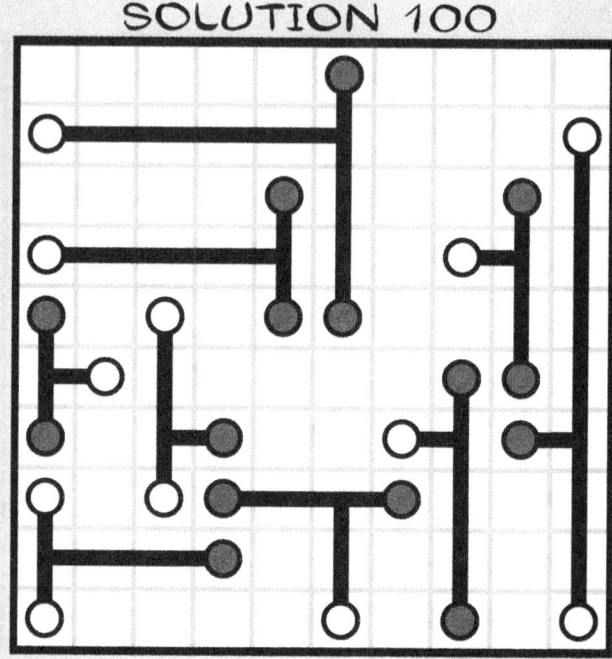

SOLUTION 101

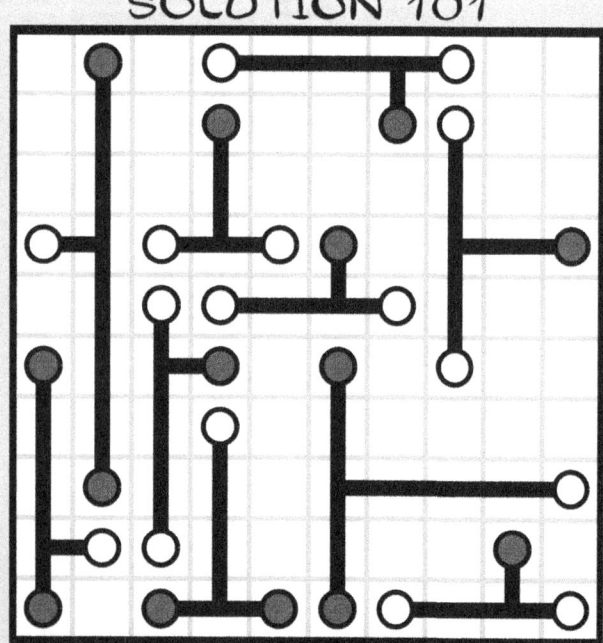

SOLUTION 102

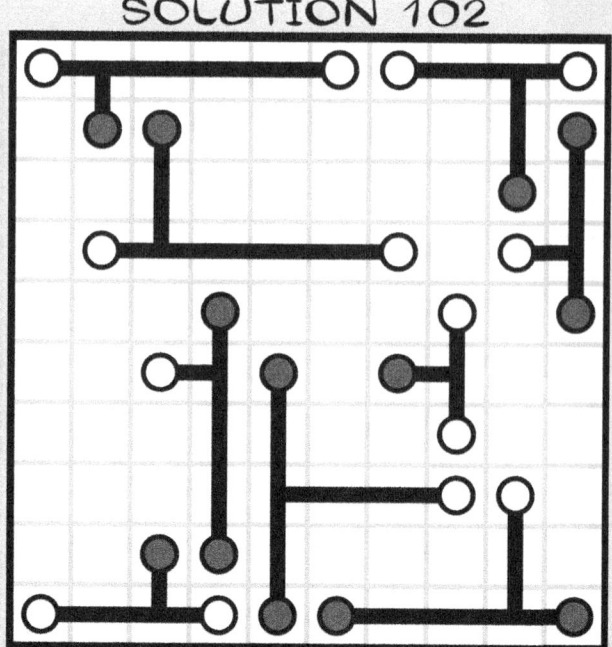

103

104

105

106

107

108

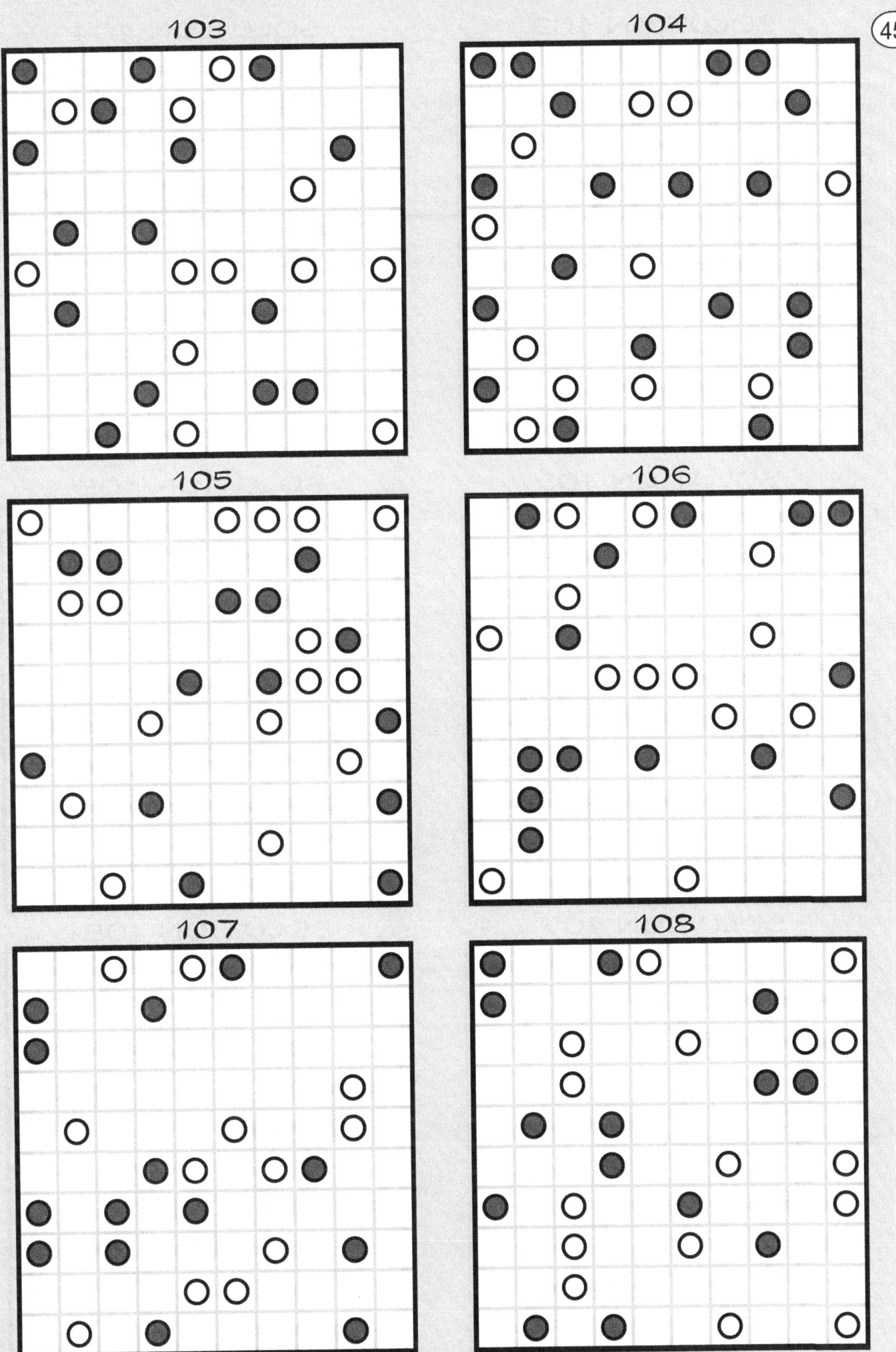

SOLUTION 103

SOLUTION 104

SOLUTION 105

SOLUTION 106

SOLUTION 107

SOLUTION 108

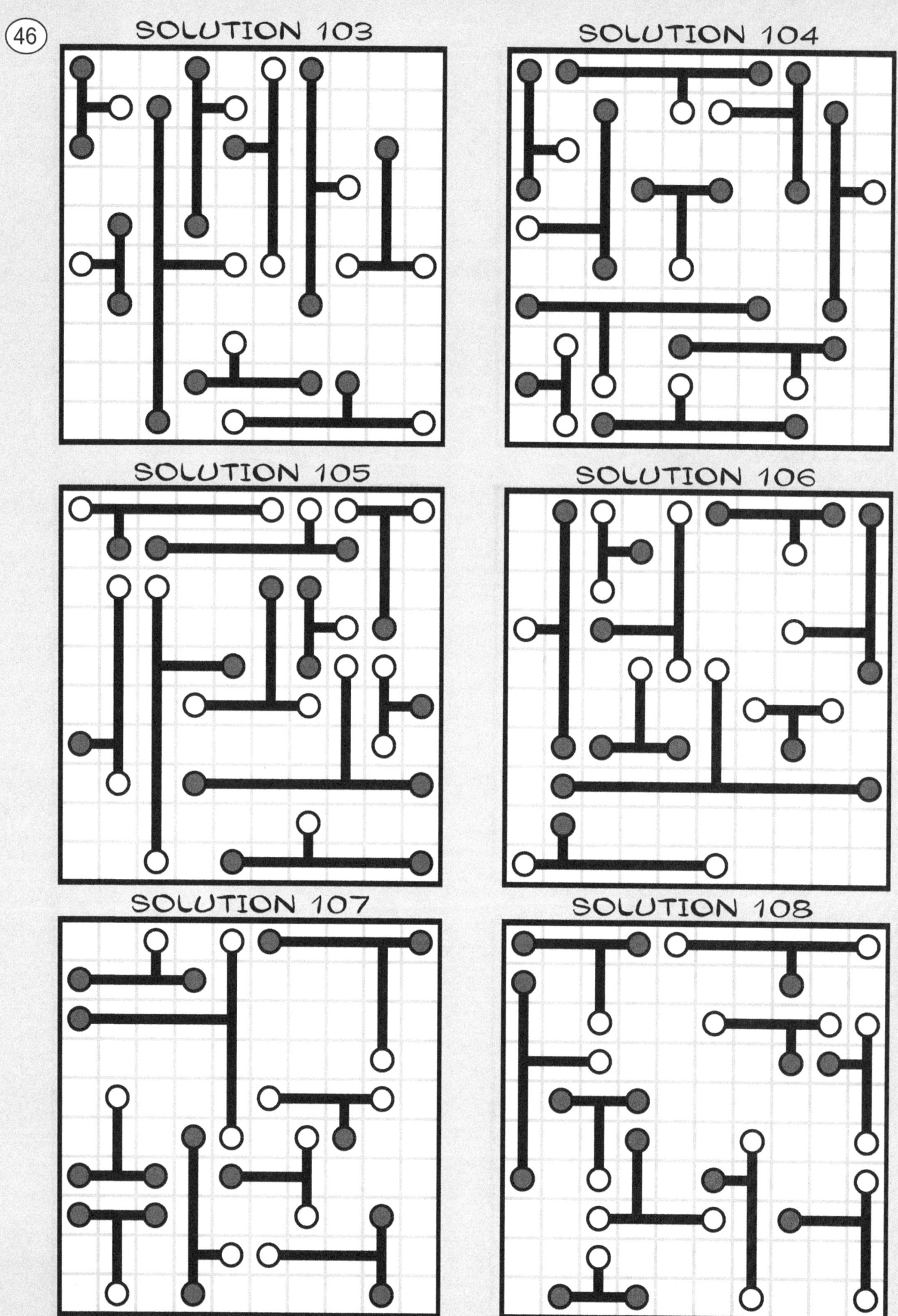

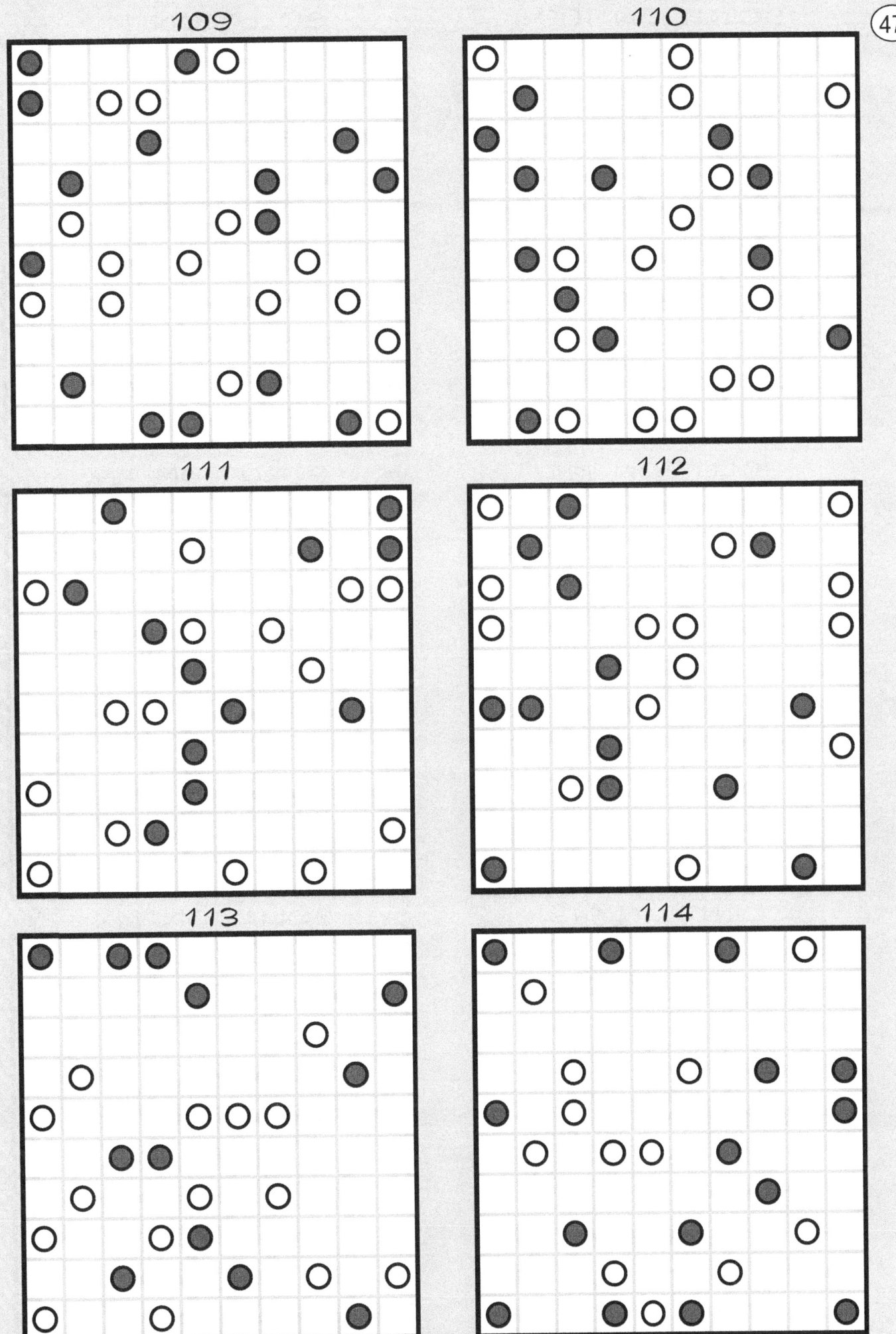

SOLUTION 109

SOLUTION 110

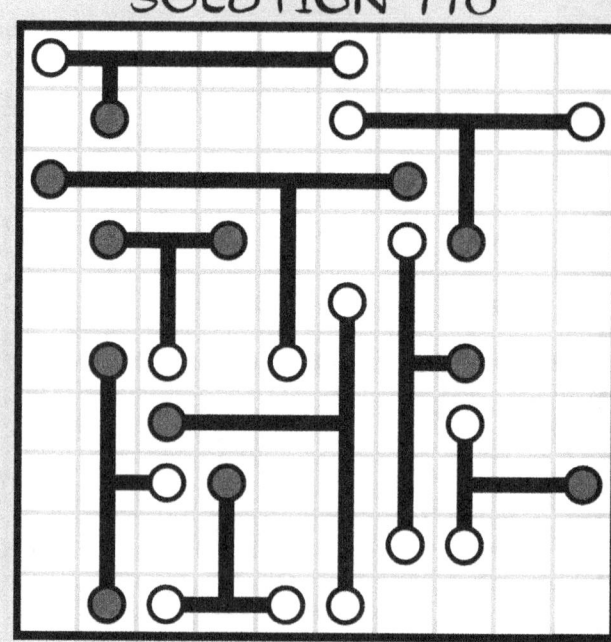

SOLUTION 111

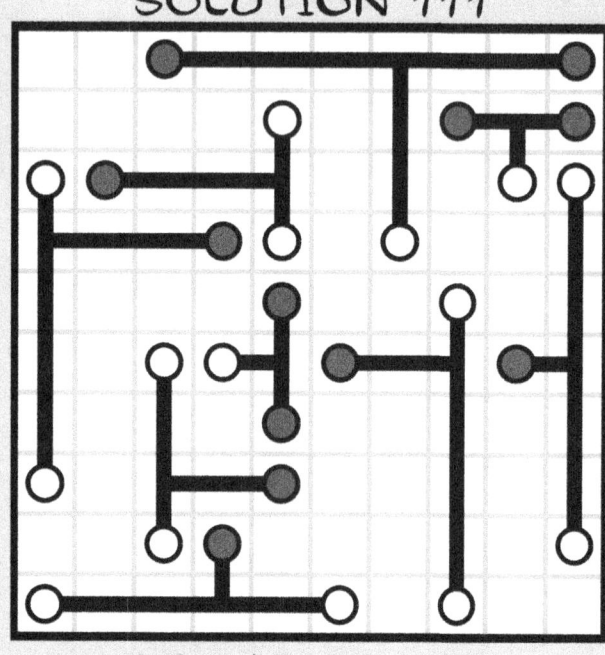

SOLUTION 112

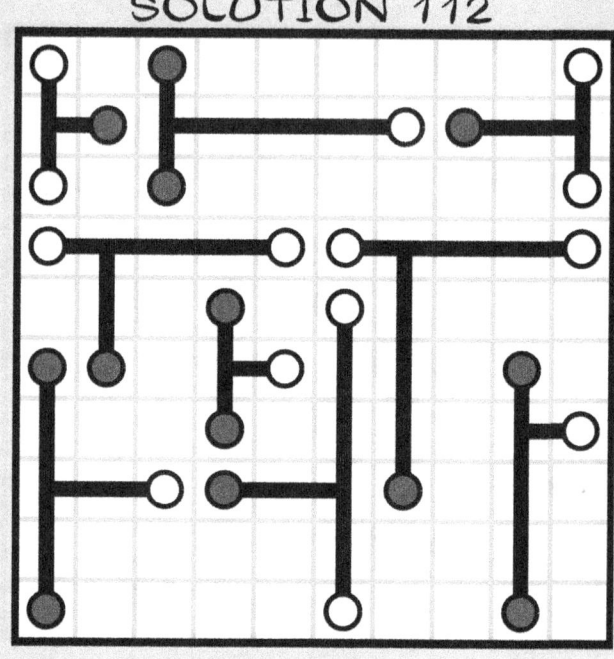

SOLUTION 113

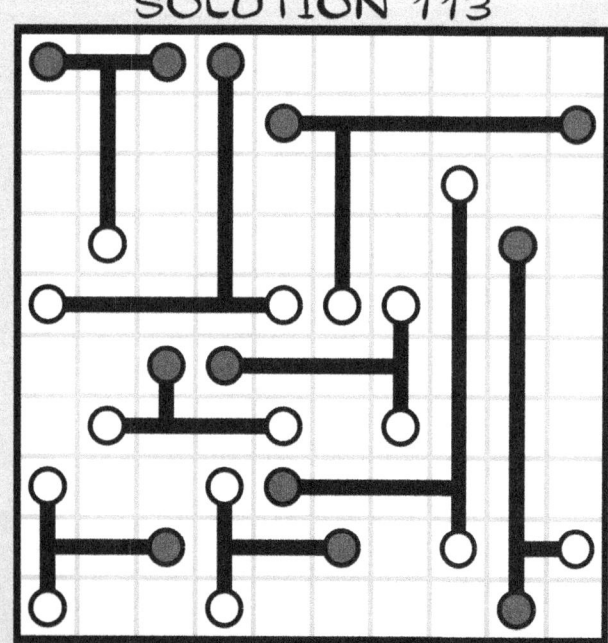

SOLUTION 114

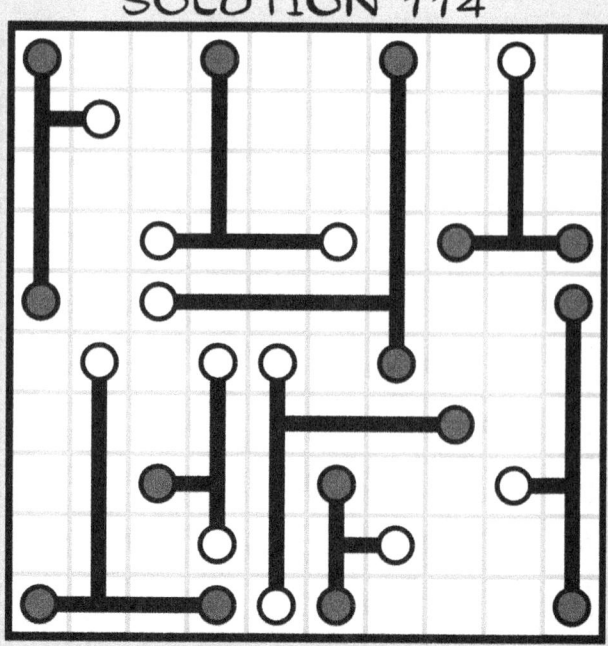

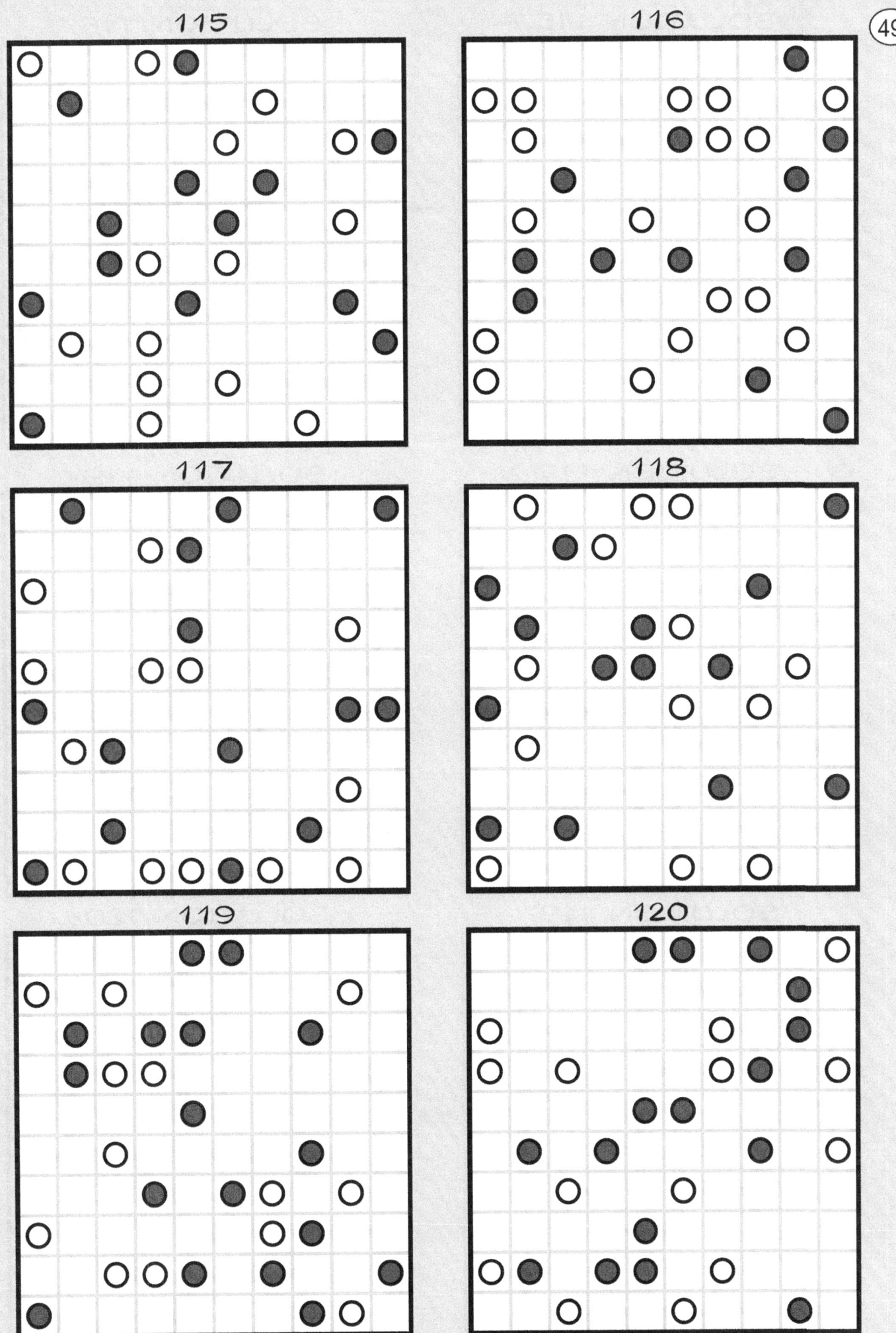

SOLUTION 115

SOLUTION 116

SOLUTION 117

SOLUTION 118

SOLUTION 119

SOLUTION 120

NUMBER LINK (ARUKONE)

- The grid has numbers in some cells
- Try to connect each pair of numbers with a single continuous line
  (horizonal or vertical lines only)
- The lines cannot cross or touch each other

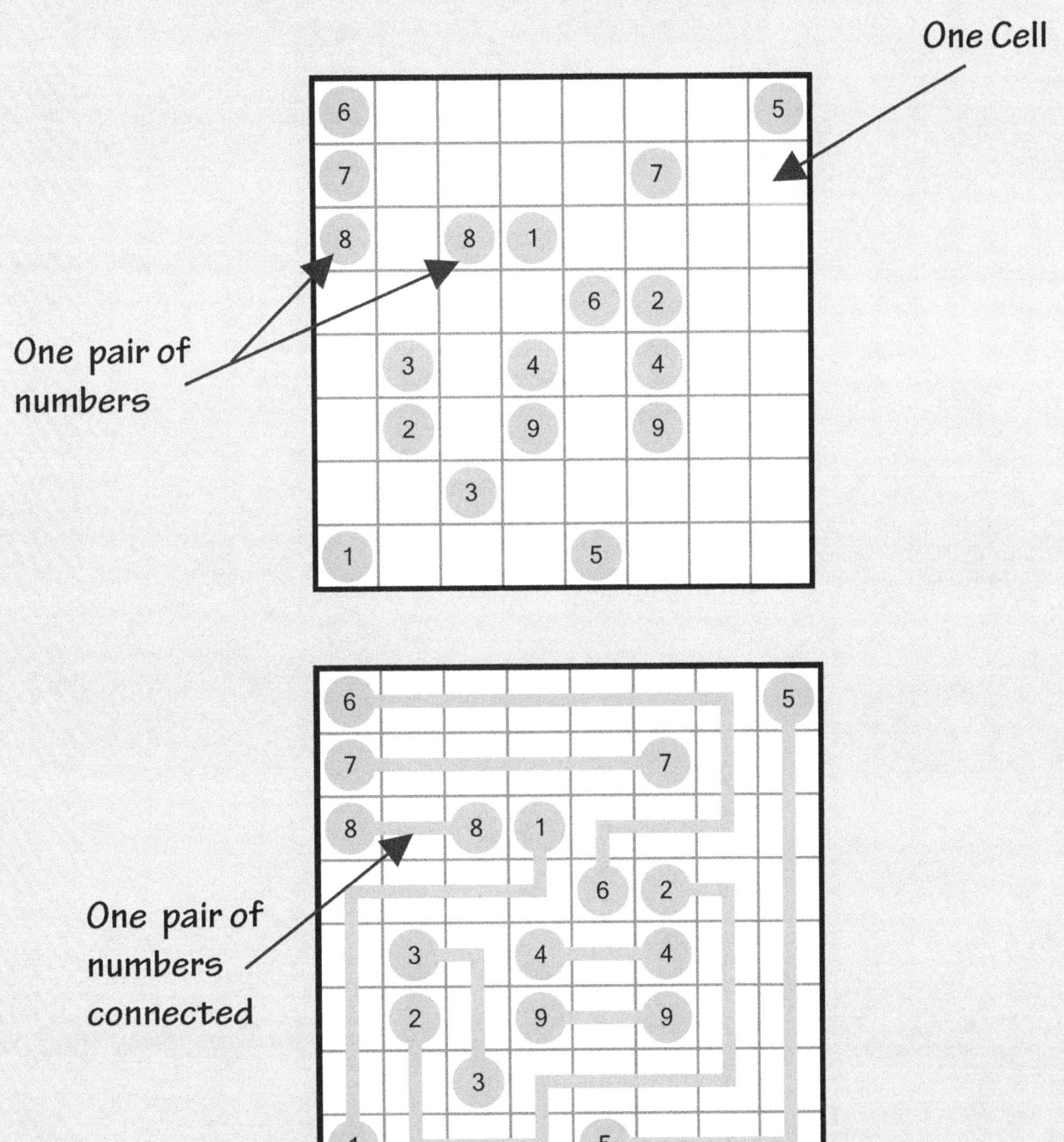

One Cell

One pair of numbers

One pair of numbers connected

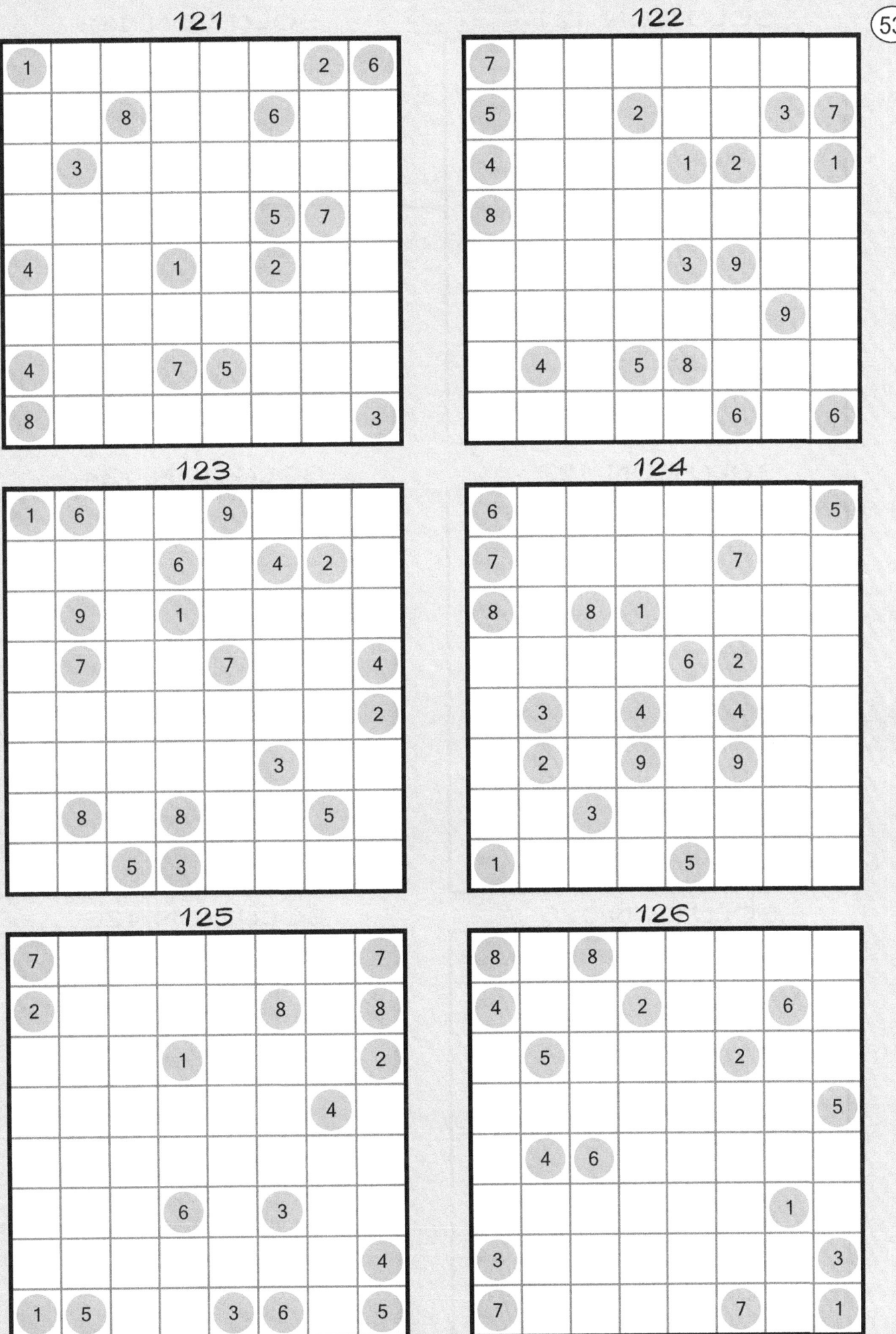

SOLUTION 121

SOLUTION 122

SOLUTION 123

SOLUTION 124

SOLUTION 125

SOLUTION 126

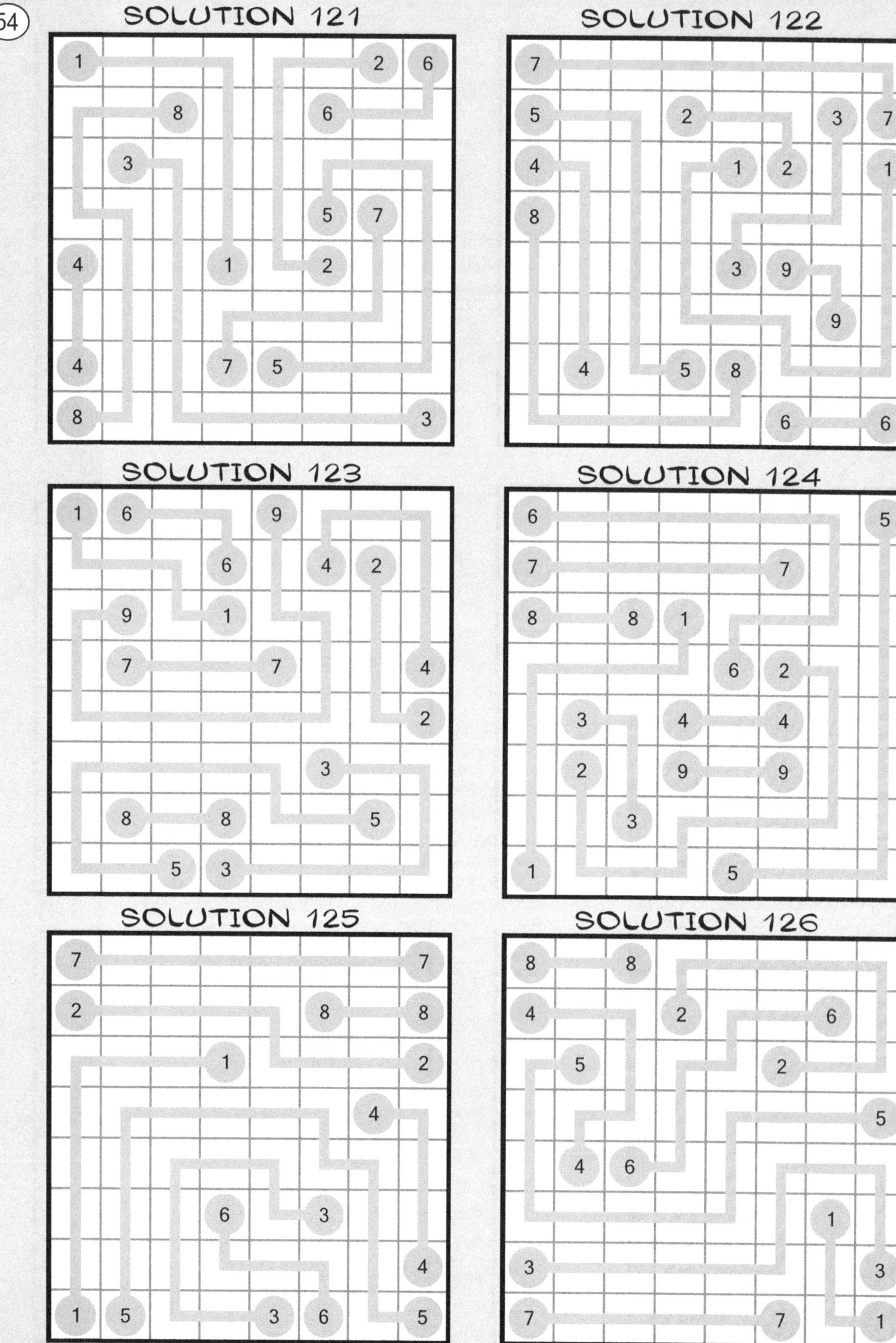

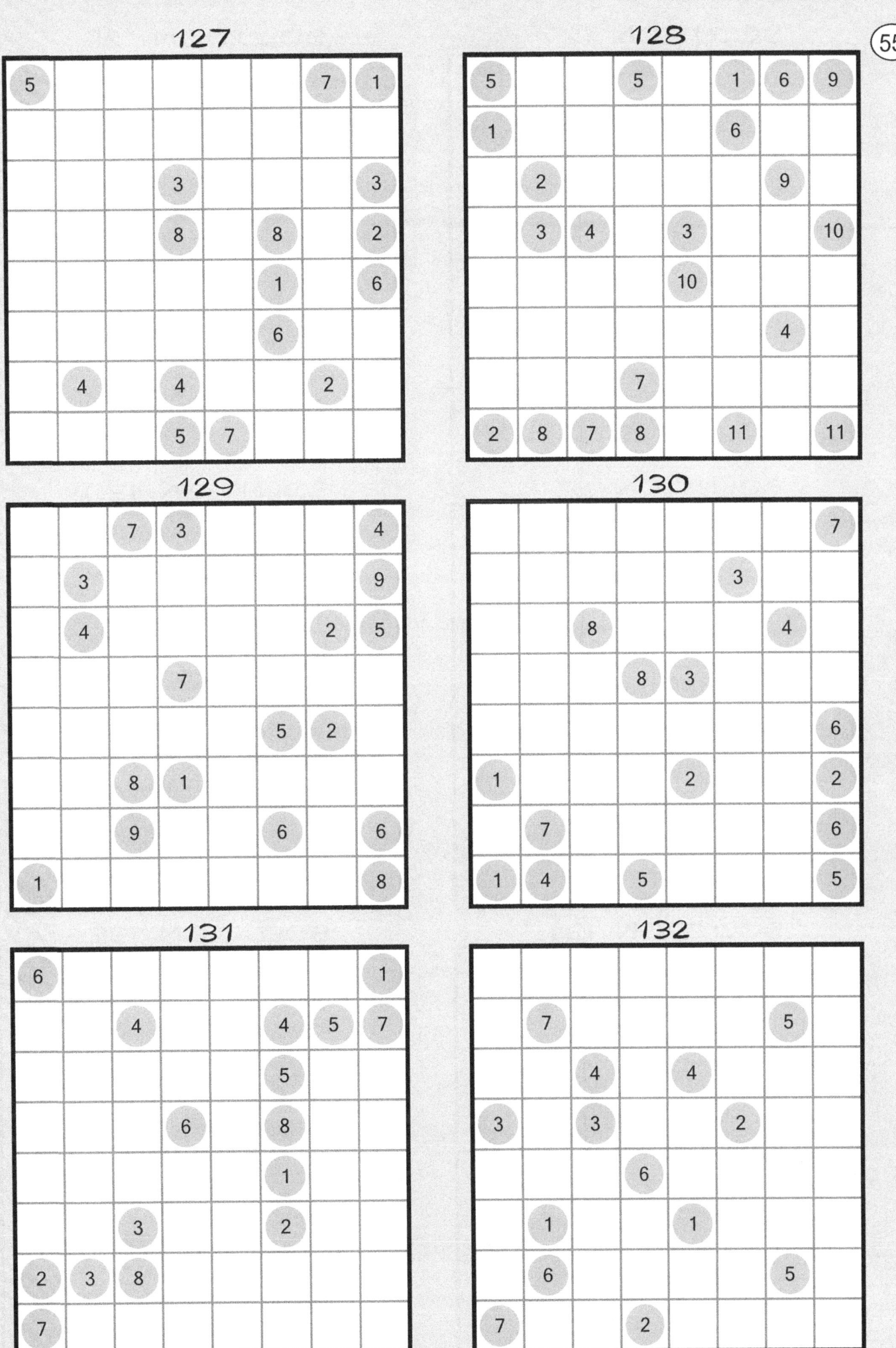

127

128

129

130

131

132

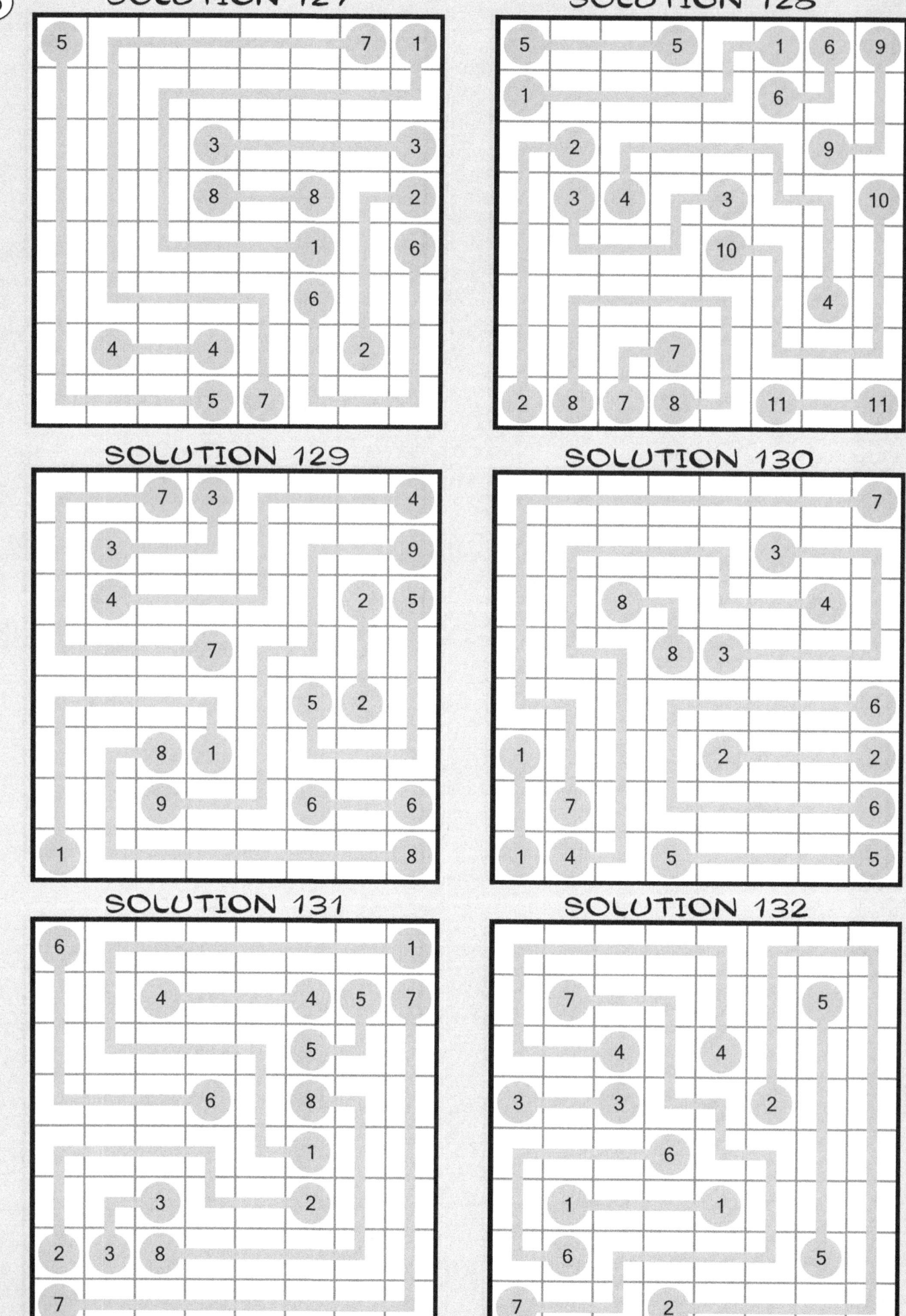

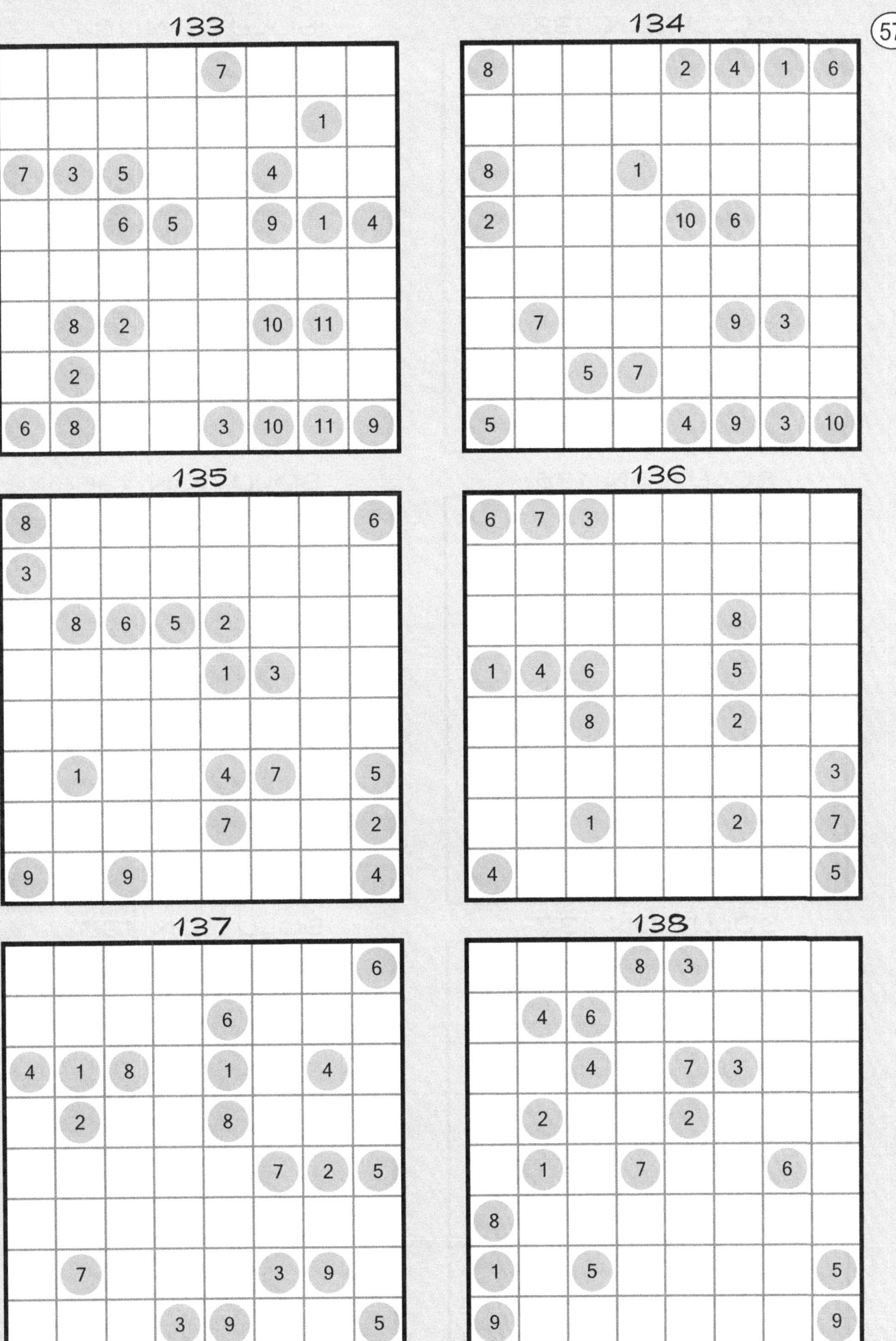

133

134

135

136

137

138

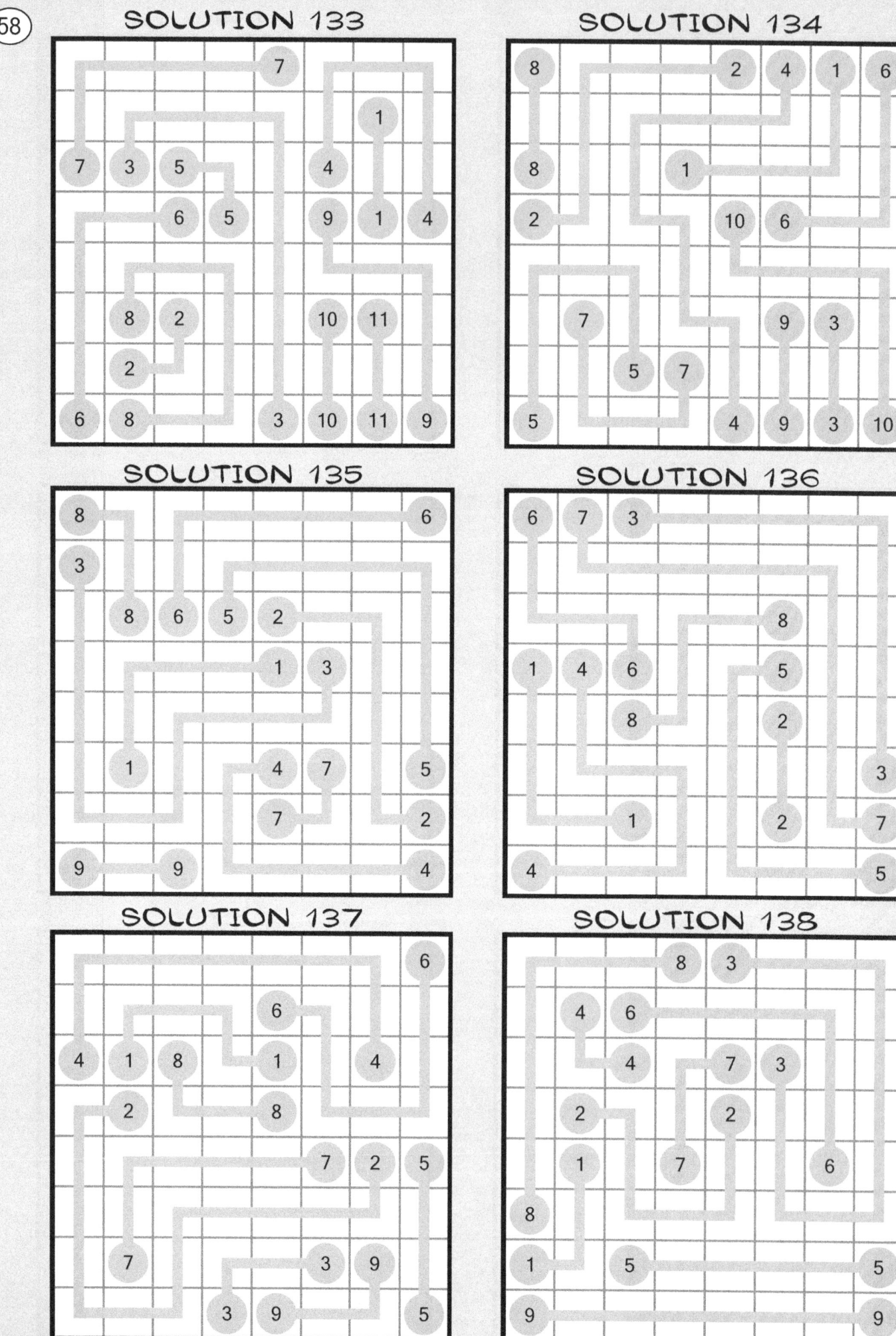

SOLUTION 133

SOLUTION 134

SOLUTION 135

SOLUTION 136

SOLUTION 137

SOLUTION 138

58

139

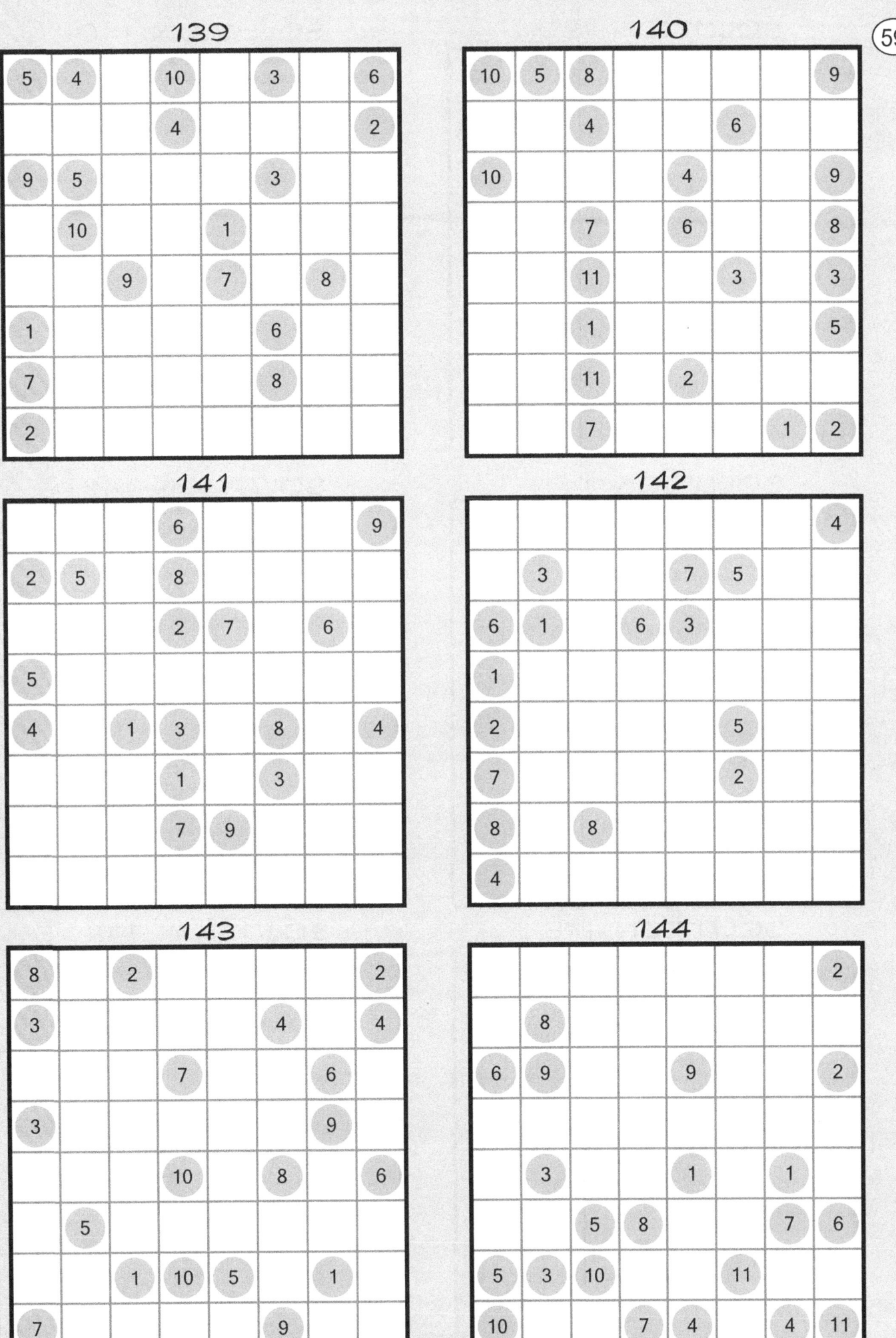

140

141

142

143

144

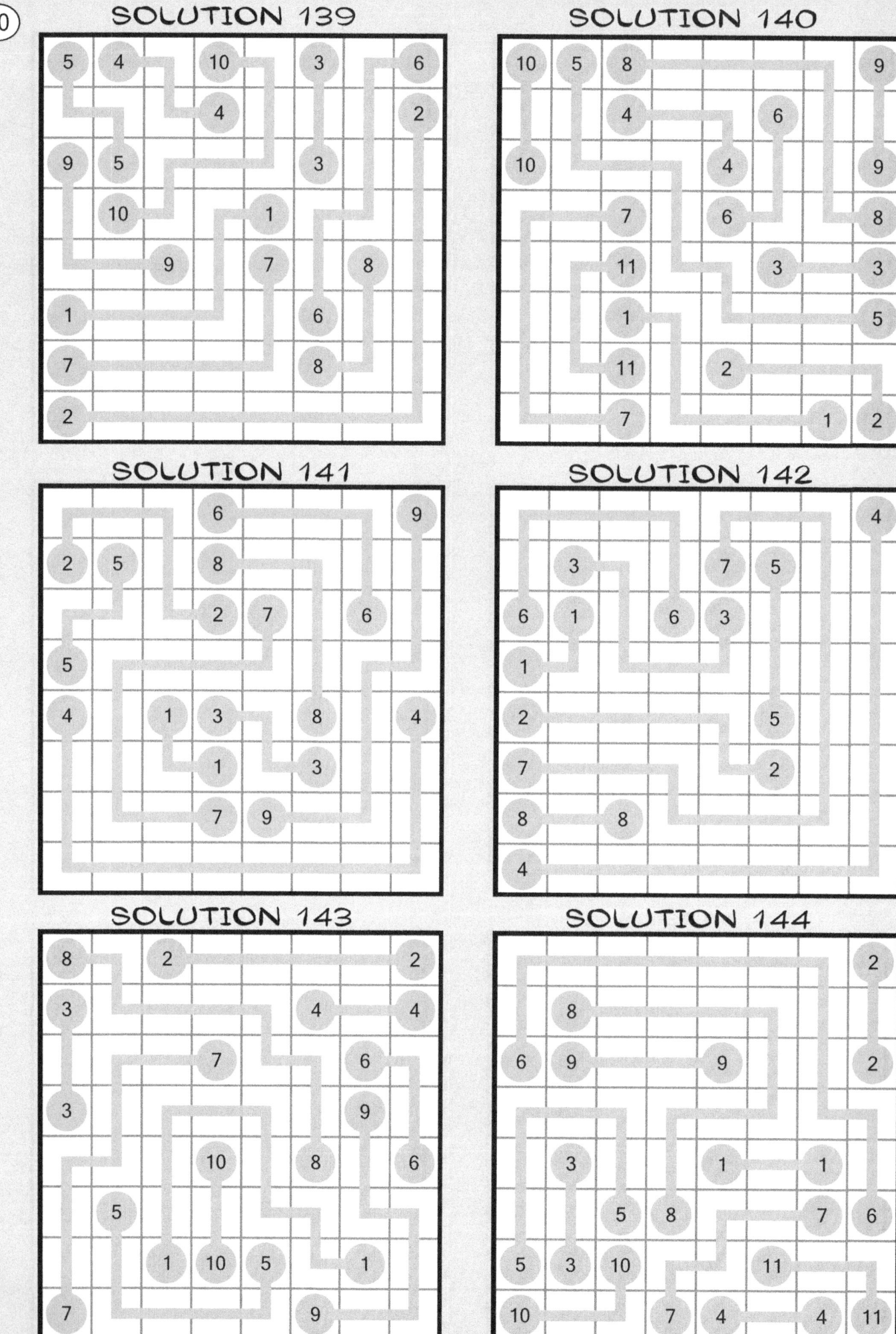

60

SOLUTION 139

SOLUTION 140

SOLUTION 141

SOLUTION 142

SOLUTION 143

SOLUTION 144

145

146

147

148

149

150

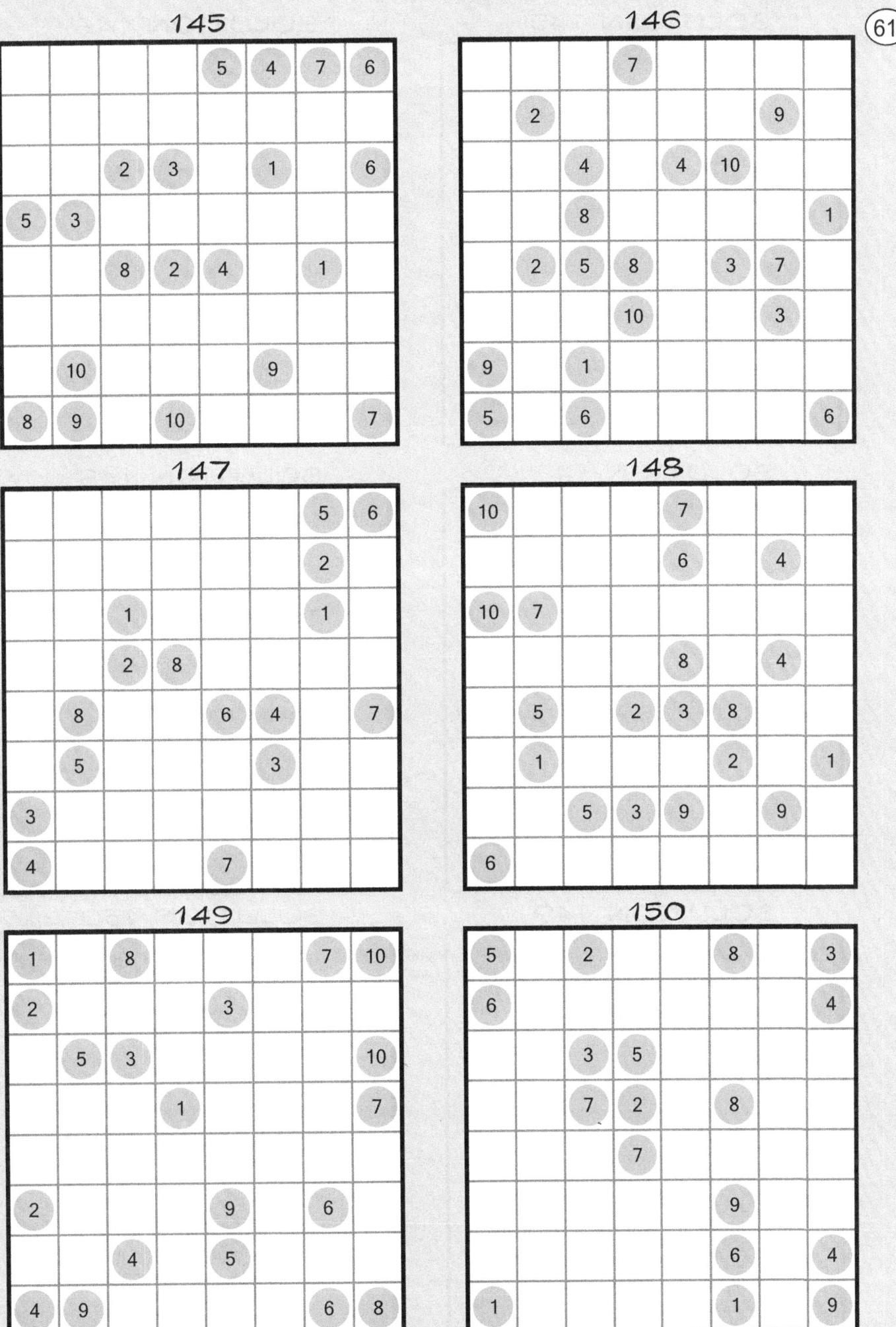

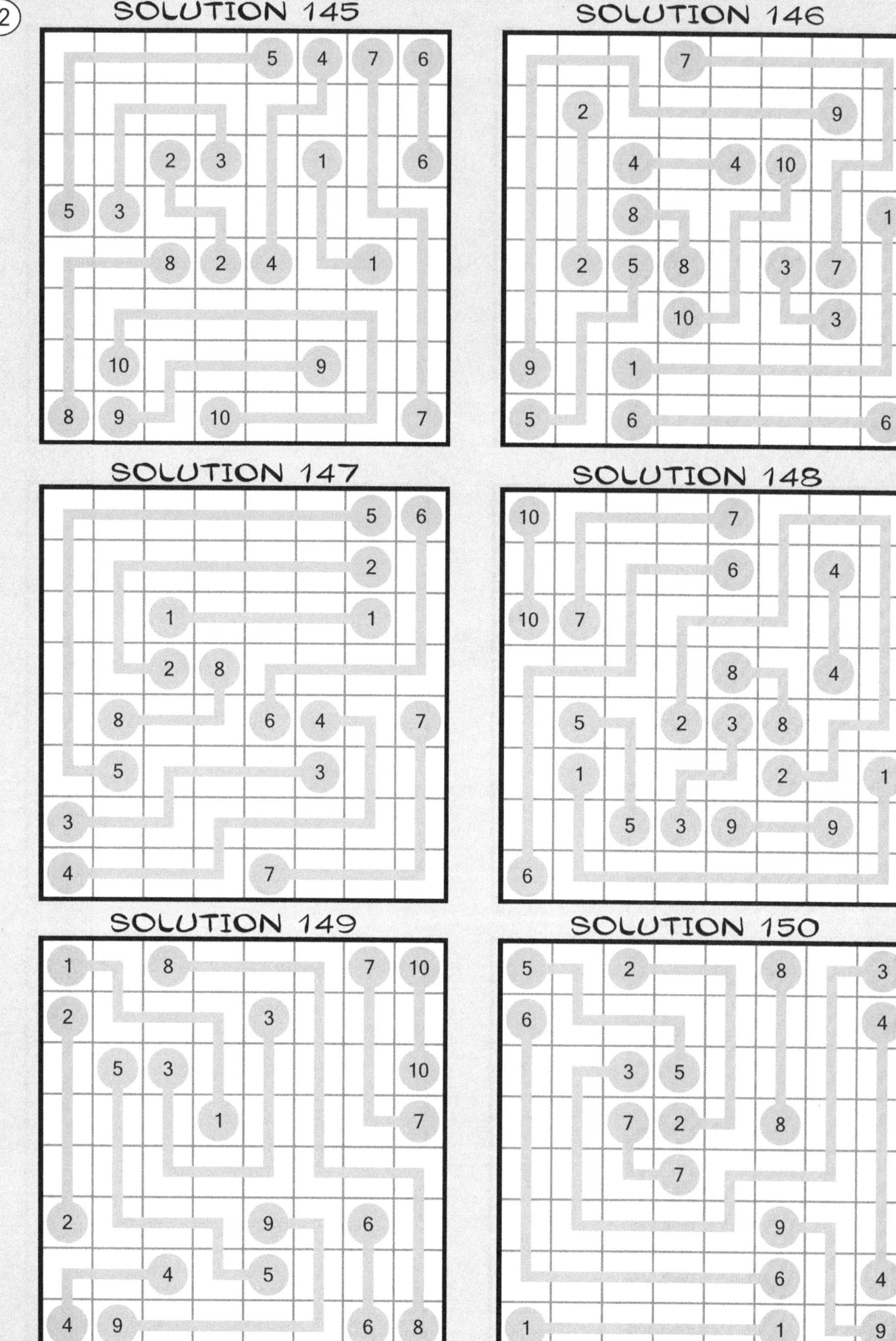

151

152

153

154

155

156

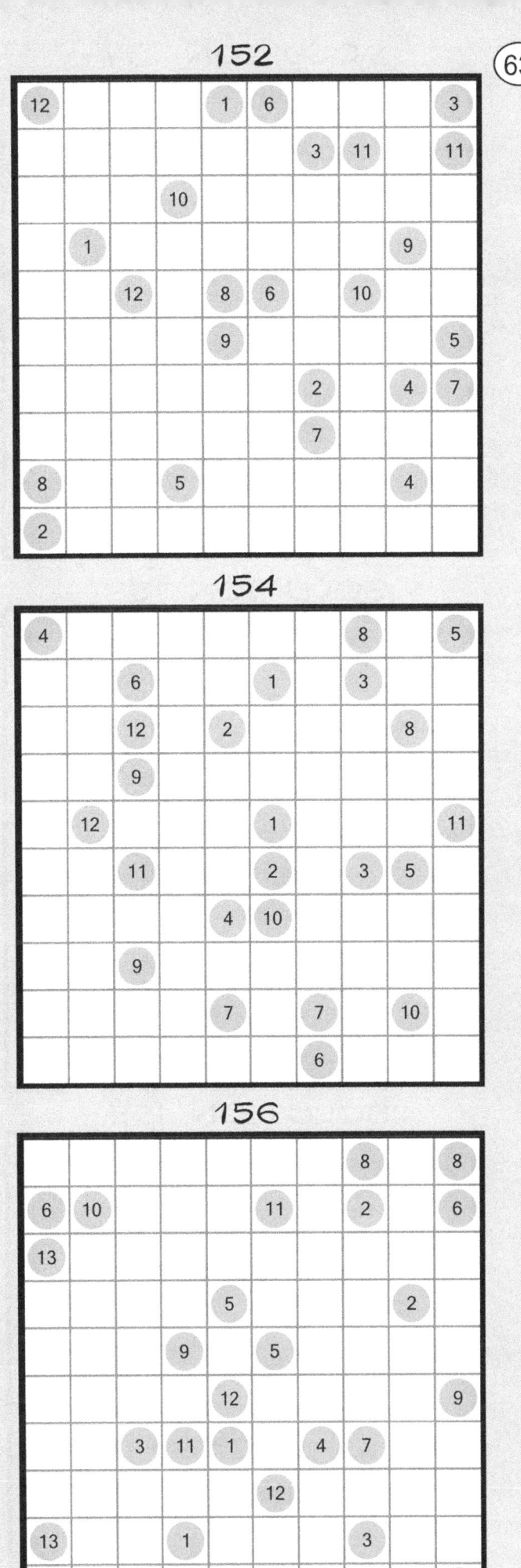

SOLUTION 151

SOLUTION 152

SOLUTION 153

SOLUTION 154

SOLUTION 155

SOLUTION 156

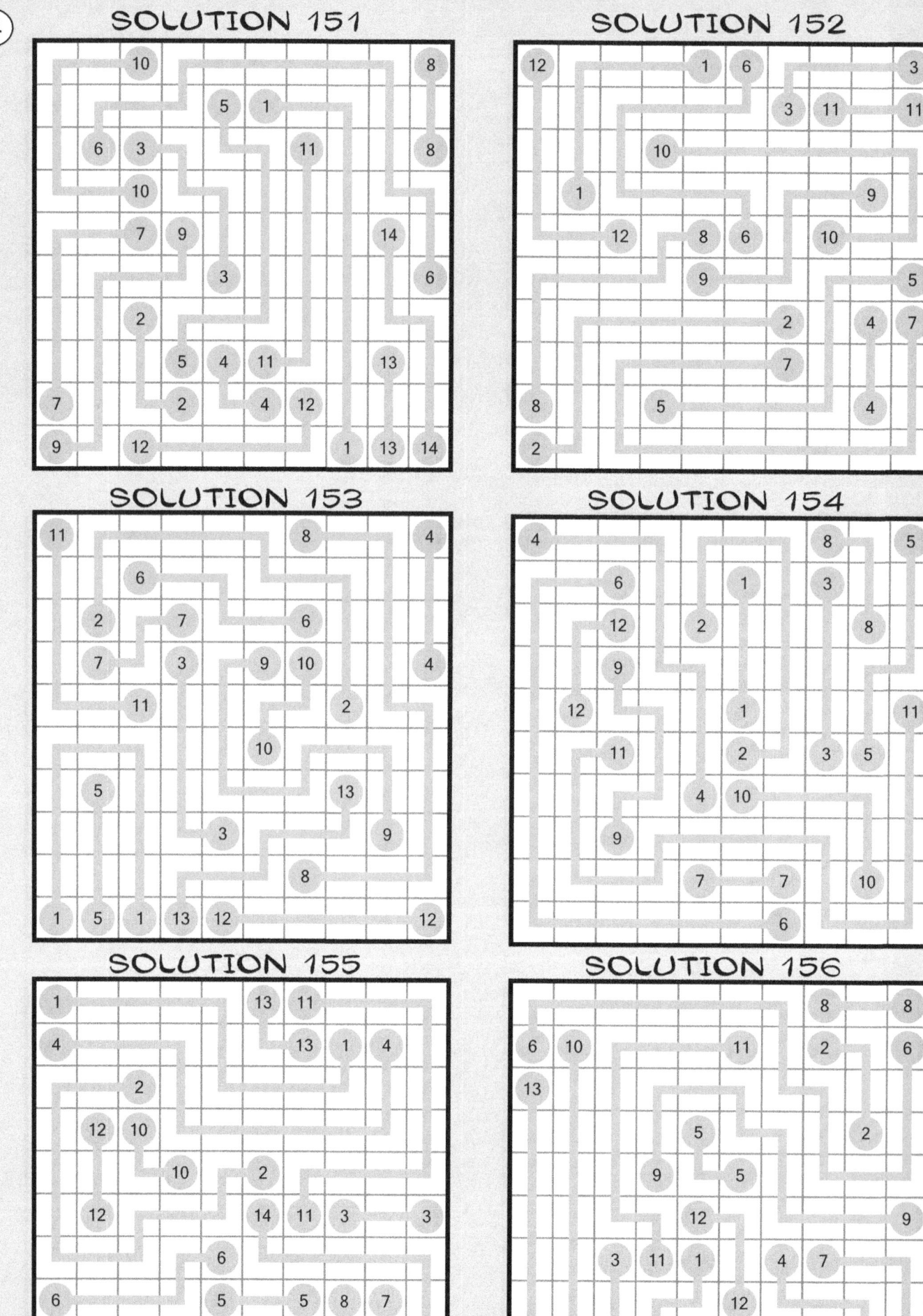

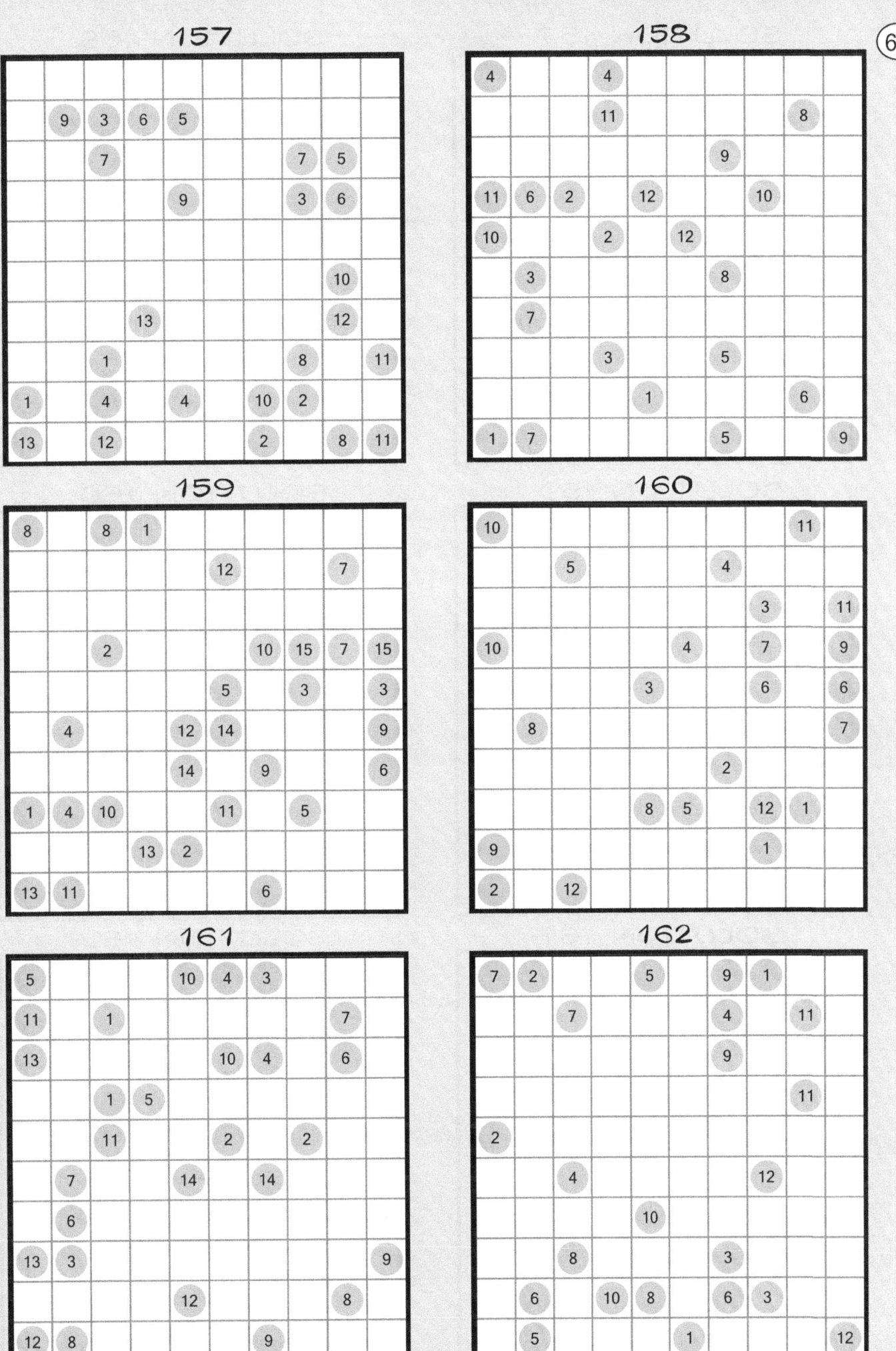

157

158

159

160

161

162

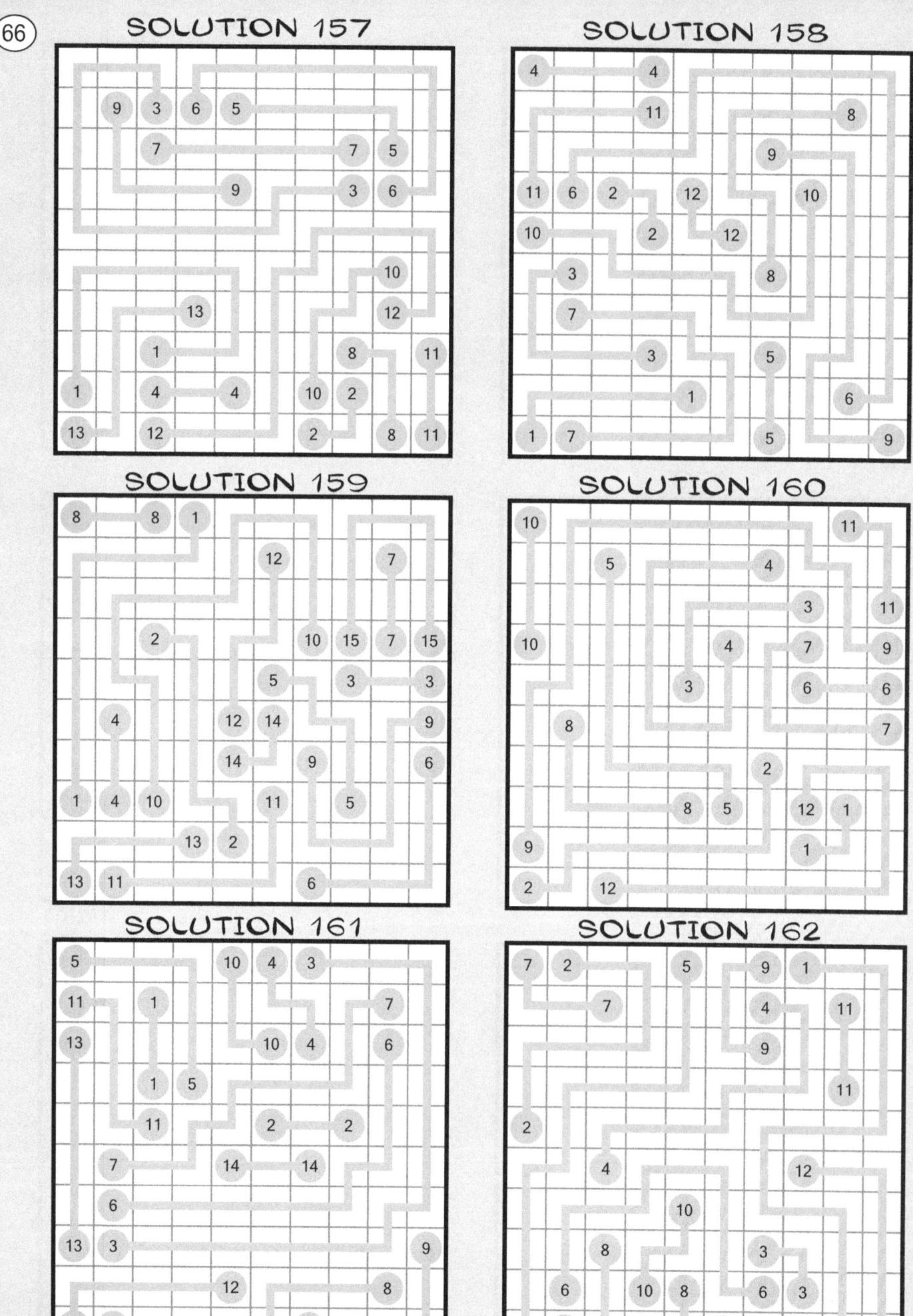

163

5	9								
		13	1					2	
	9	1		13	4			15	
								12	
	11	5	3	2	3				4
11			6						
								14	
			7			7	10		
	15	8			10				12
			6				8		14

164

7					12				5
	9	1	5			7	12		14
9	1	3					15		
			4		11		3		
		2		2					
						10			
			13			15	8		
				6					
4	11	13	6	8			10		14

165

7	11								9
		7							
2		3		4		4			
6						3		11	9
	1	2		10					
				8	5				
		12	10				8		
5							1		
				6					
							12		

166

		7							10
				3			3		8
12	11			6					
							5		
		10	6	7	9		4		
						2			
	1		1	11					
12							9	4	
2		5							8

167

1							13		13
		5	12		12				
	4						8		
					2	5			
		3		2	7				4
				8		7		6	11
			9						
								10	
1	6	3	9	10	11				

168

2									12
13								6	
		2	6						
				4					
		12	14			3		3	
		13	1		10		11	10	
					4				11
				5					7
		5	1		7				9
			14	9			8		8

68

SOLUTION 163

SOLUTION 164

SOLUTION 165

SOLUTION 166

SOLUTION 167

SOLUTION 168

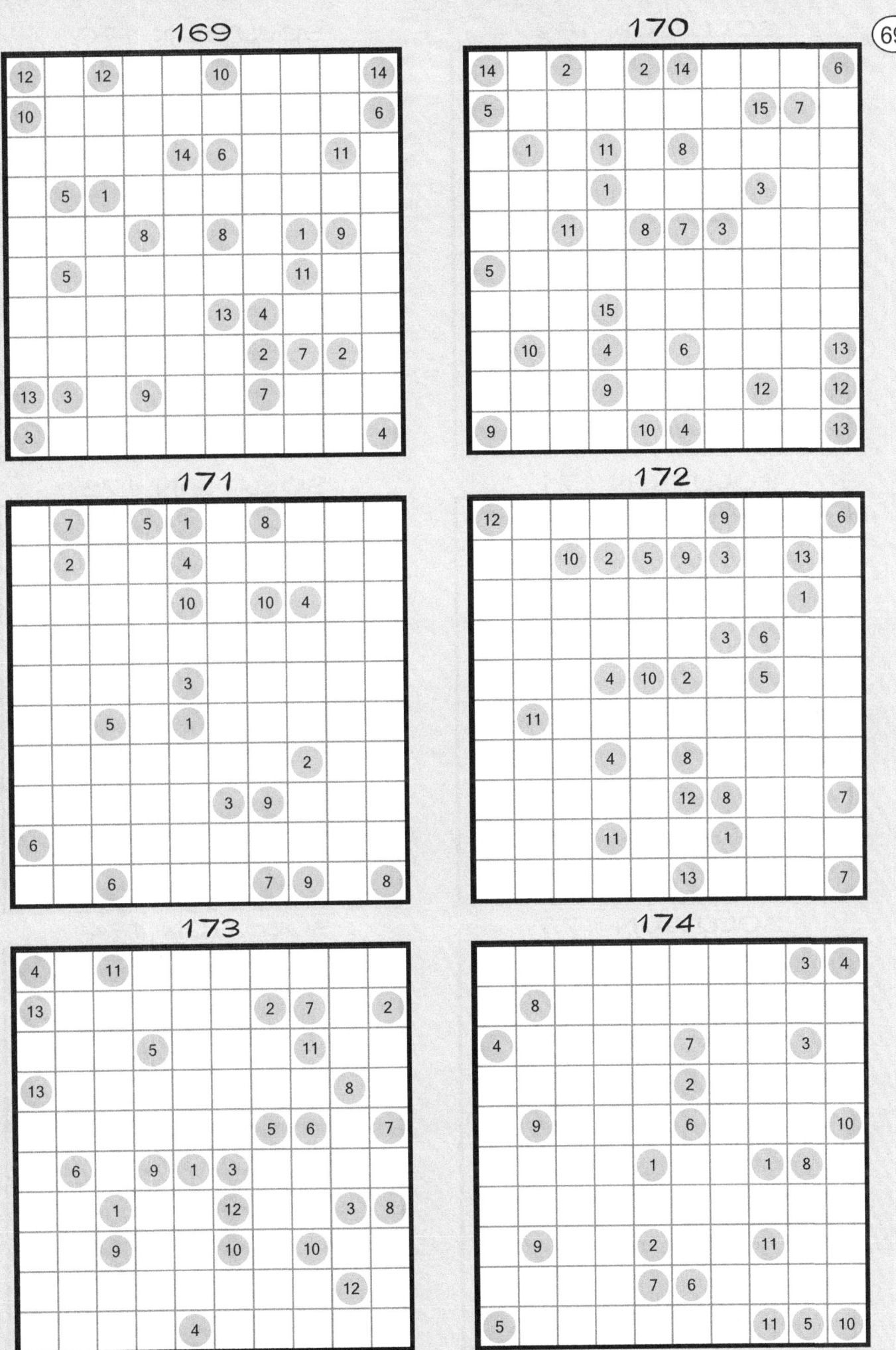

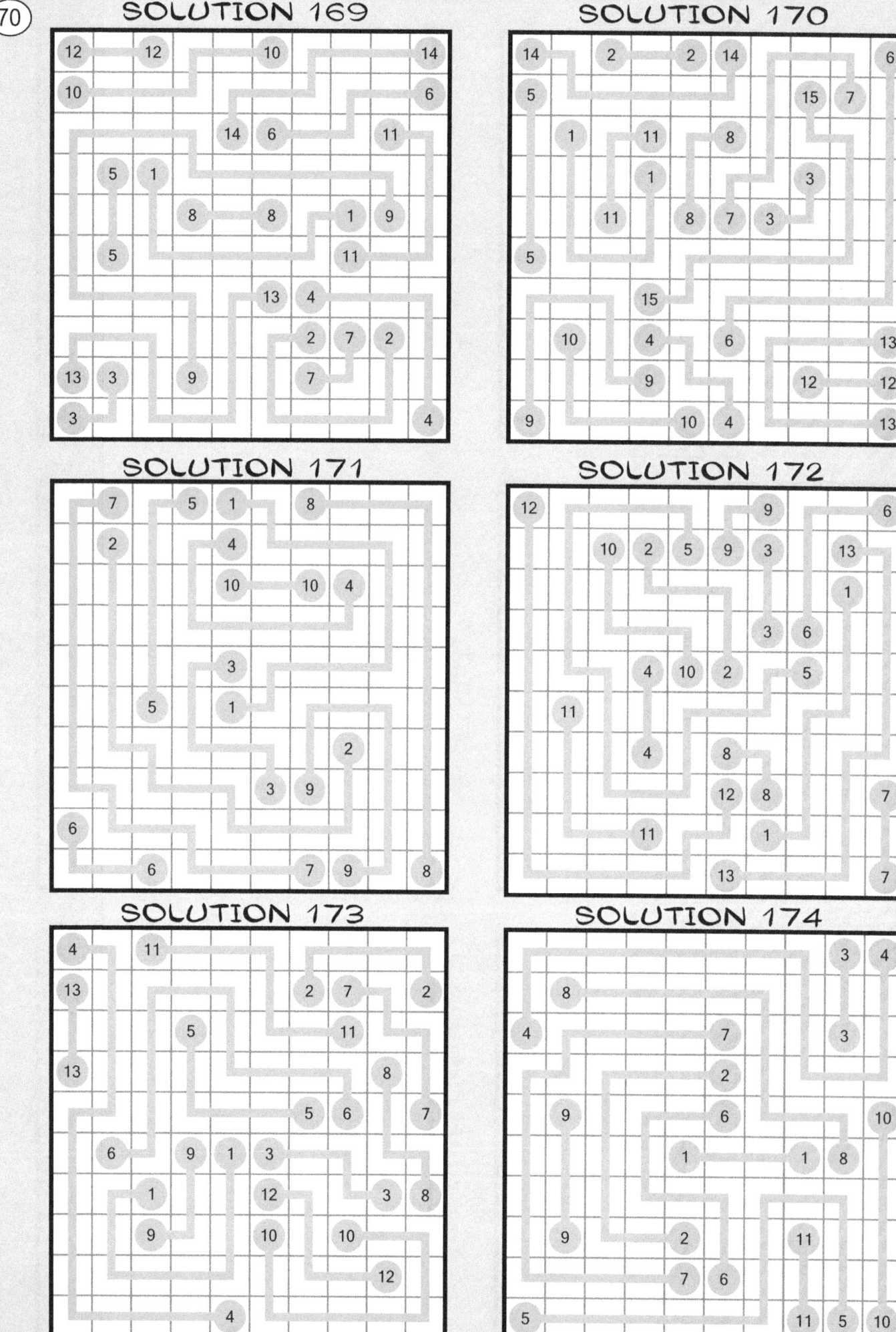

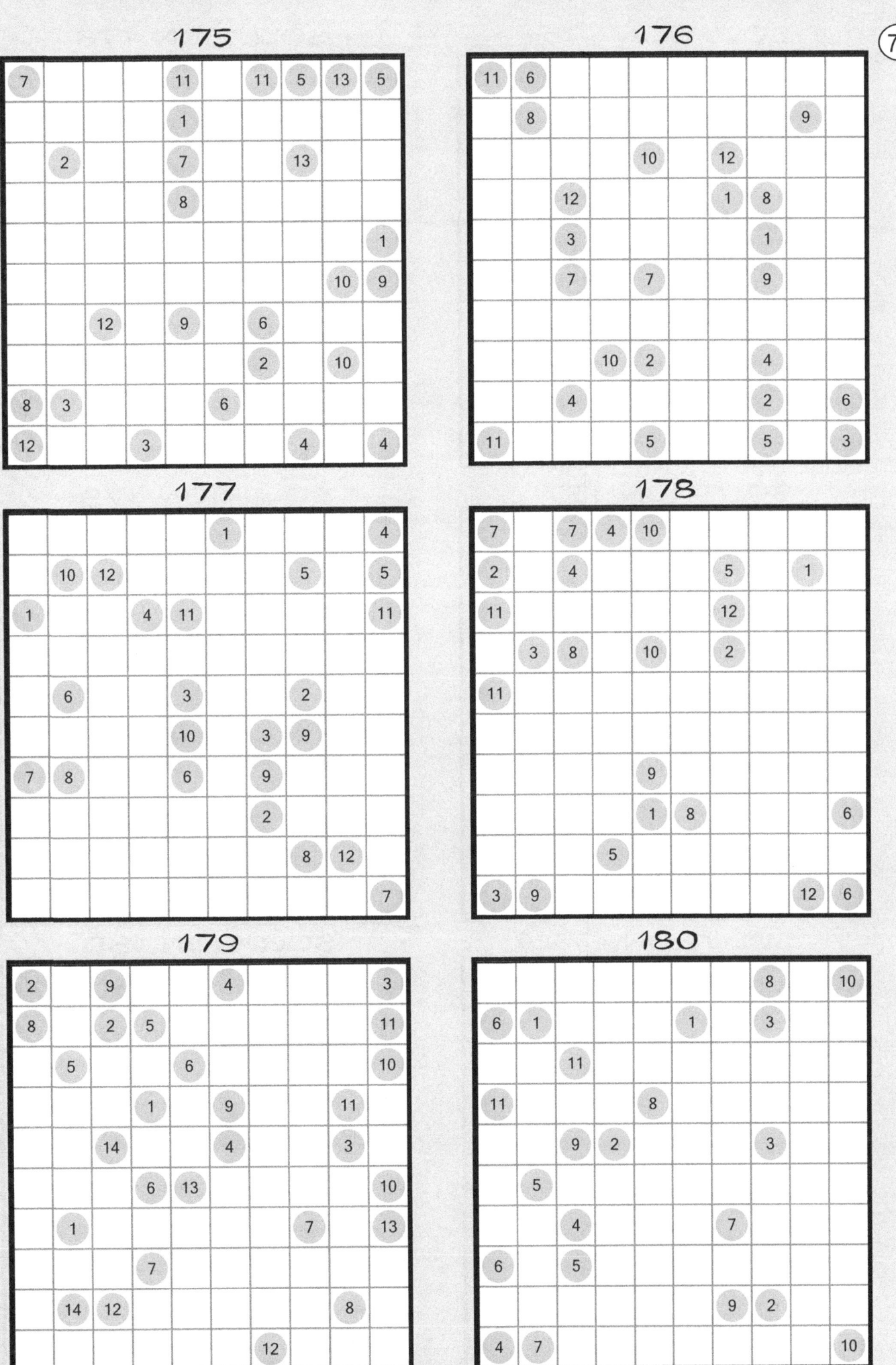

SOLUTION 175

SOLUTION 176

SOLUTION 177

SOLUTION 178

SOLUTION 179

SOLUTION 180

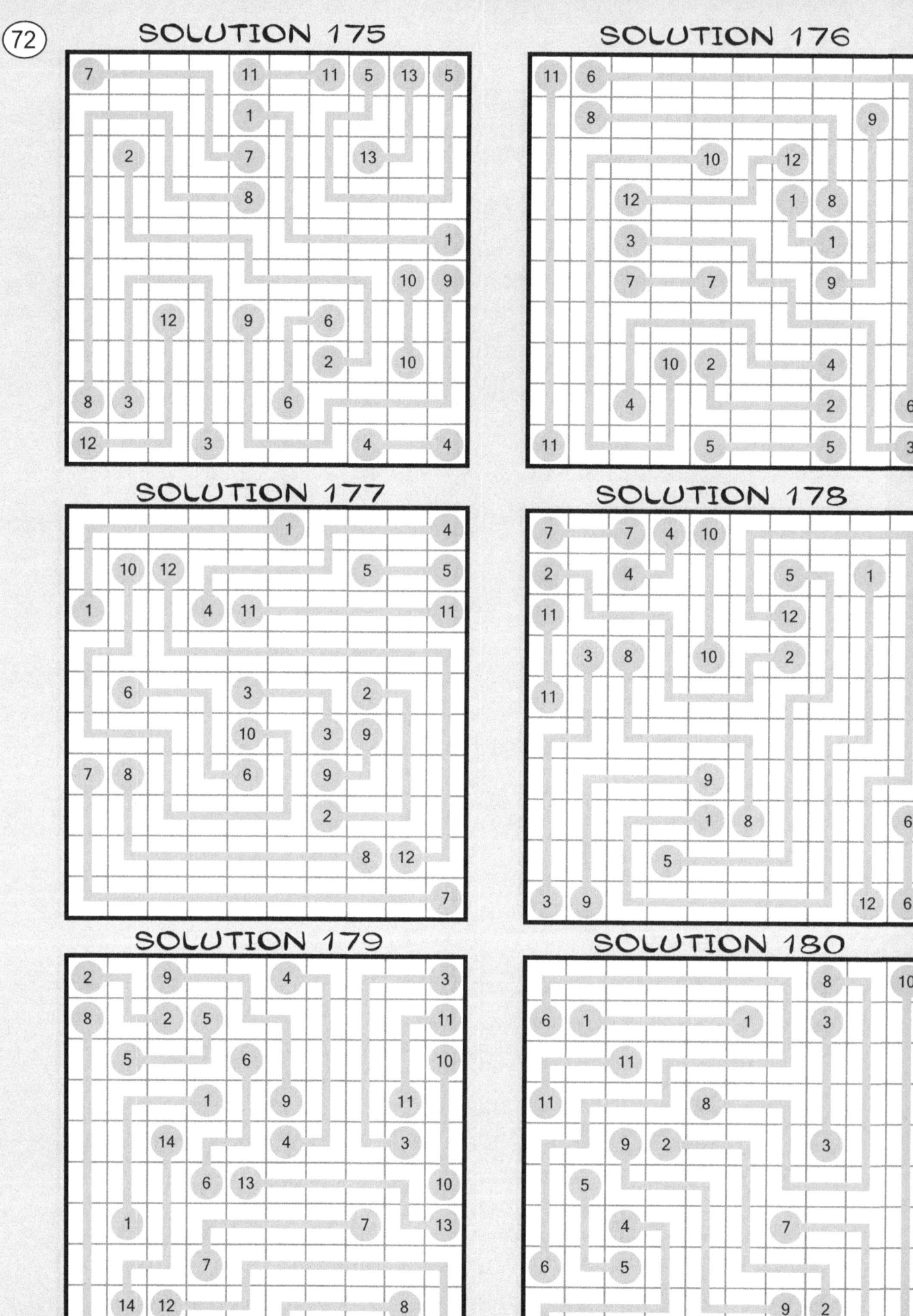

TRACE NUMBERS

- The grid has numbers in some cells (numbers from 1 to 6)
- Try to connect all sets of numbers from 1 to 6, with a single continuous horizontal or vertical line
- The lines cannot cross or touch each other

One set of numbers from 1 to 6

One Cell

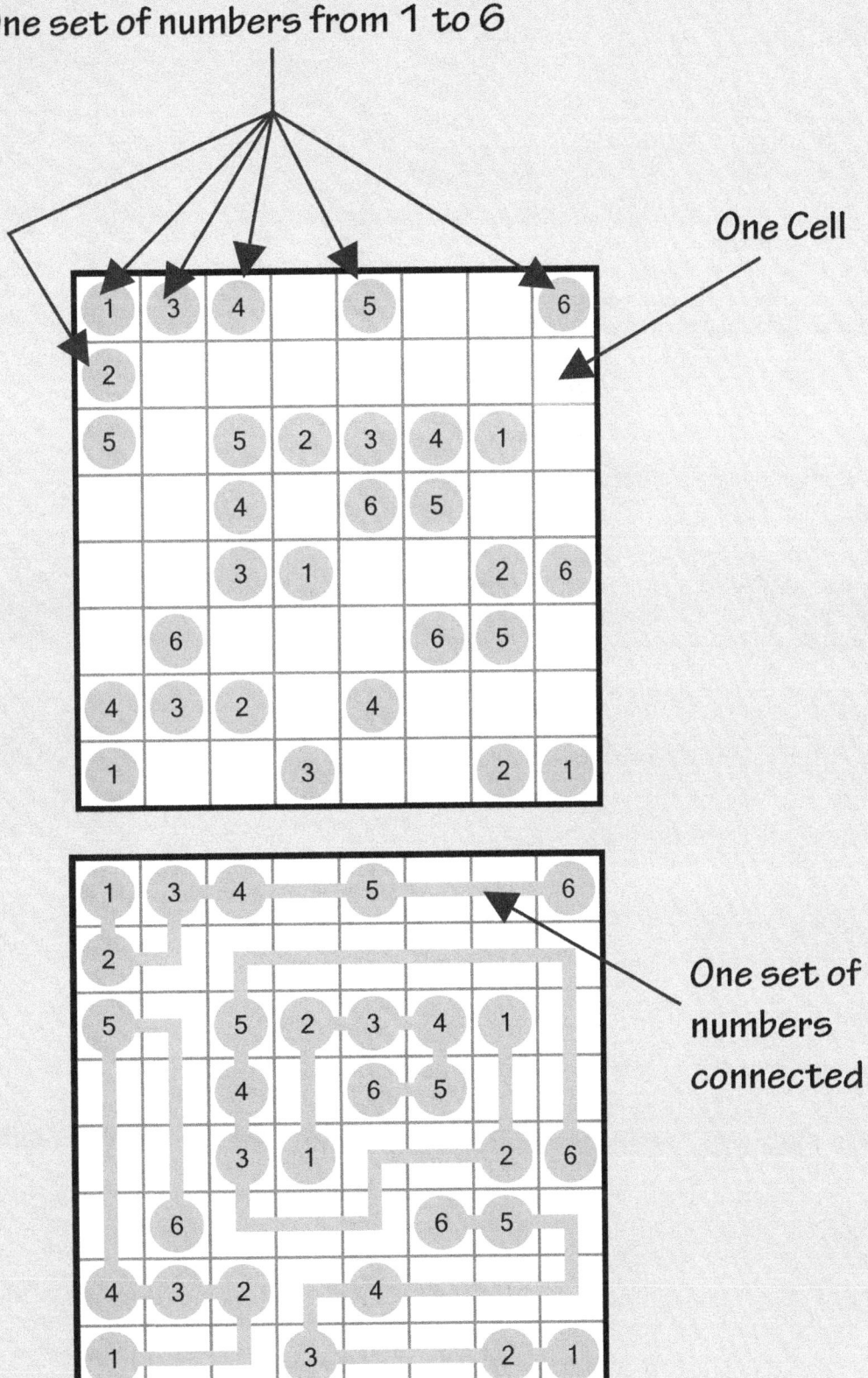

One set of numbers connected

181

1	2			4		5	6
		6		3	1	2	3
5	4	3	2	1	5	6	4
6							5
	2		2		5		6
		1		3	4		
						1	
	3	4					

182

				4			6
	6	2	3			5	5
1	5		6		6	3	4
4				3		2	6
			4		2	1	5
2	3	5		1		2	4
	5			4	1	3	
1			6	3	2		1

183

1	6	5	6				6
						4	
6	2		4		5	5	3
5	1	3				6	
4		2	5			1	2
	3		4				
	3				3	4	
		2		1	2		1

184

		6		1			2
					5	6	
	1		2		4	3	
	5		3	4	6		
		6	1			3	
			2				
	4	3					5
			5	1	2		4

185

	2	1		2	6		
	3		1	3		4	5
6		4					5
		4		6		2	
	3						
		1	5		1	3	
5		2		4			
				6			

186

2	3				6		
			1		4	5	
6				1			
4	5	2		3	4	3	
				6	4		5
3	3		5	1	5		
2		4			6		
1		2	1		2		6

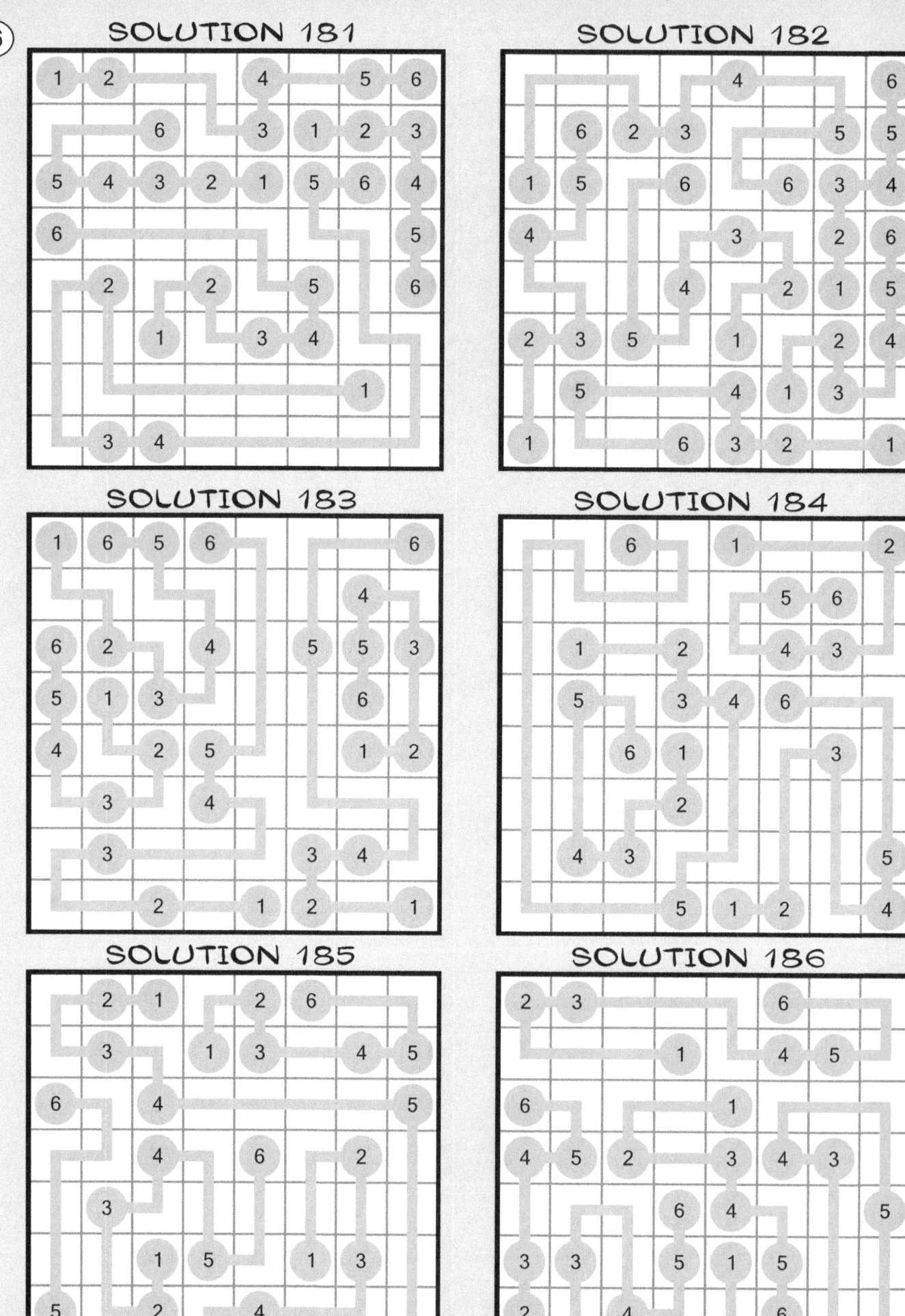

SOLUTION 181

SOLUTION 182

SOLUTION 183

SOLUTION 184

SOLUTION 185

SOLUTION 186

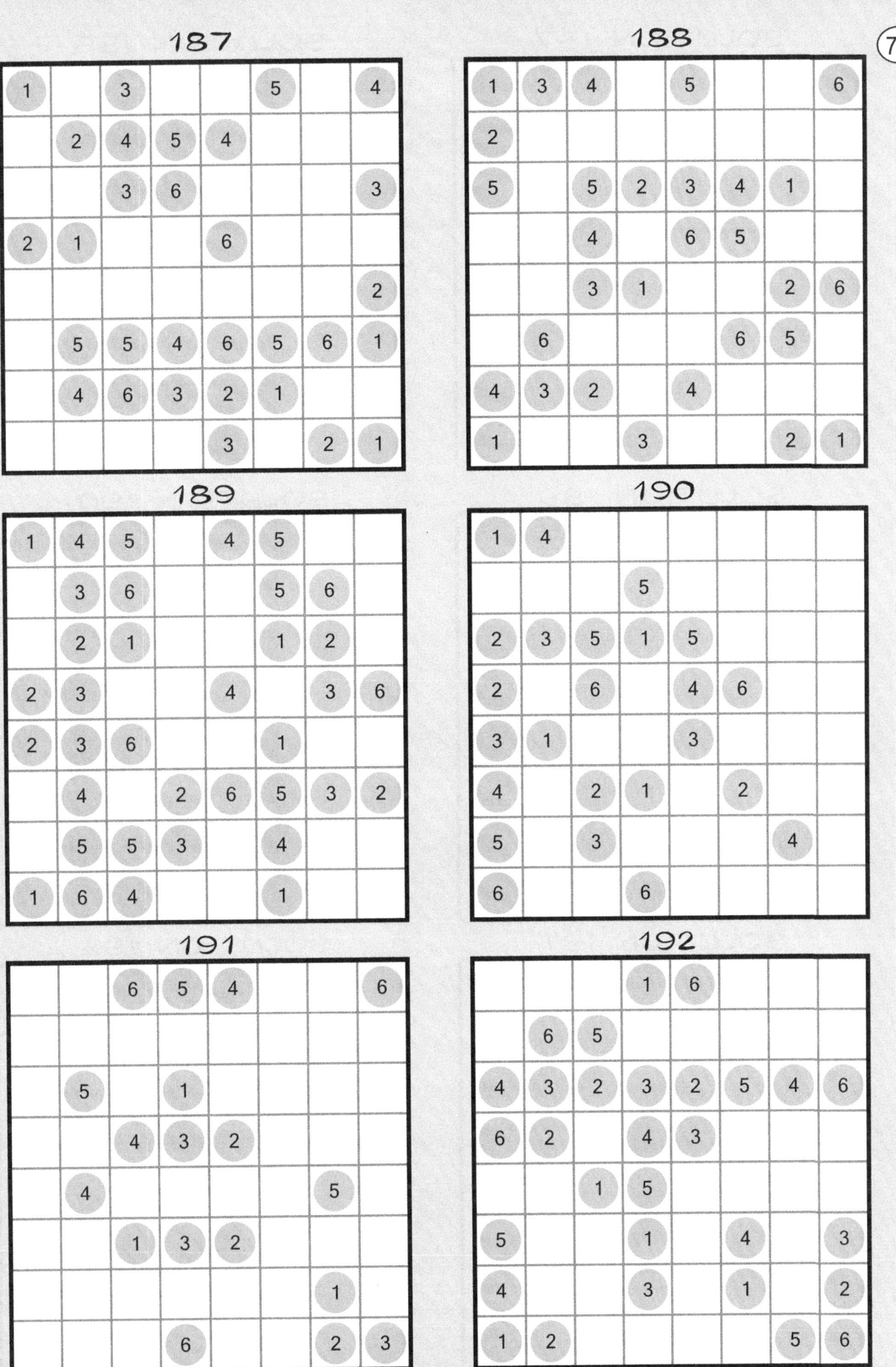

SOLUTION 187

SOLUTION 188

SOLUTION 189

SOLUTION 190

SOLUTION 191

SOLUTION 192

193

2	3		1				
	1		4				5
2		4				6	
		5		3	2		
1		6				4	6
6	3		5	3	3		
5		4	6		2		5
		1		2	1	4	

194

6				3		2	
5	5	6	4		1		
	2		1			2	3
	1			6			
	6	3	2	5			
	5			3	4	1	4
	4		6		5		
	4		3		2		1

195

1							
	6	3	4		5	6	
		2	1				
	1		4		2	3	
5		3				2	
	2	1	5		6		
		4				3	4
6							5

196

3	2	1			1	2	3
4		5			4		
3	2	6		5			
			2	1			
	1			6	5	2	
4		1		3	4	3	6
5					6		
			6	4		5	

197

1		6		5			3
6			2	1	4		2
			5		1		
	2	3	4				
	3		4				6
	3		4	5	6		
	2					1	
							5

198

4	3	1			4		
5	2			2		3	
6	1					2	
			3	1			
2		4				5	
			3	6		6	
		1			4		5
6				5			

SOLUTION 193

SOLUTION 194

SOLUTION 195

SOLUTION 196

SOLUTION 197

SOLUTION 198

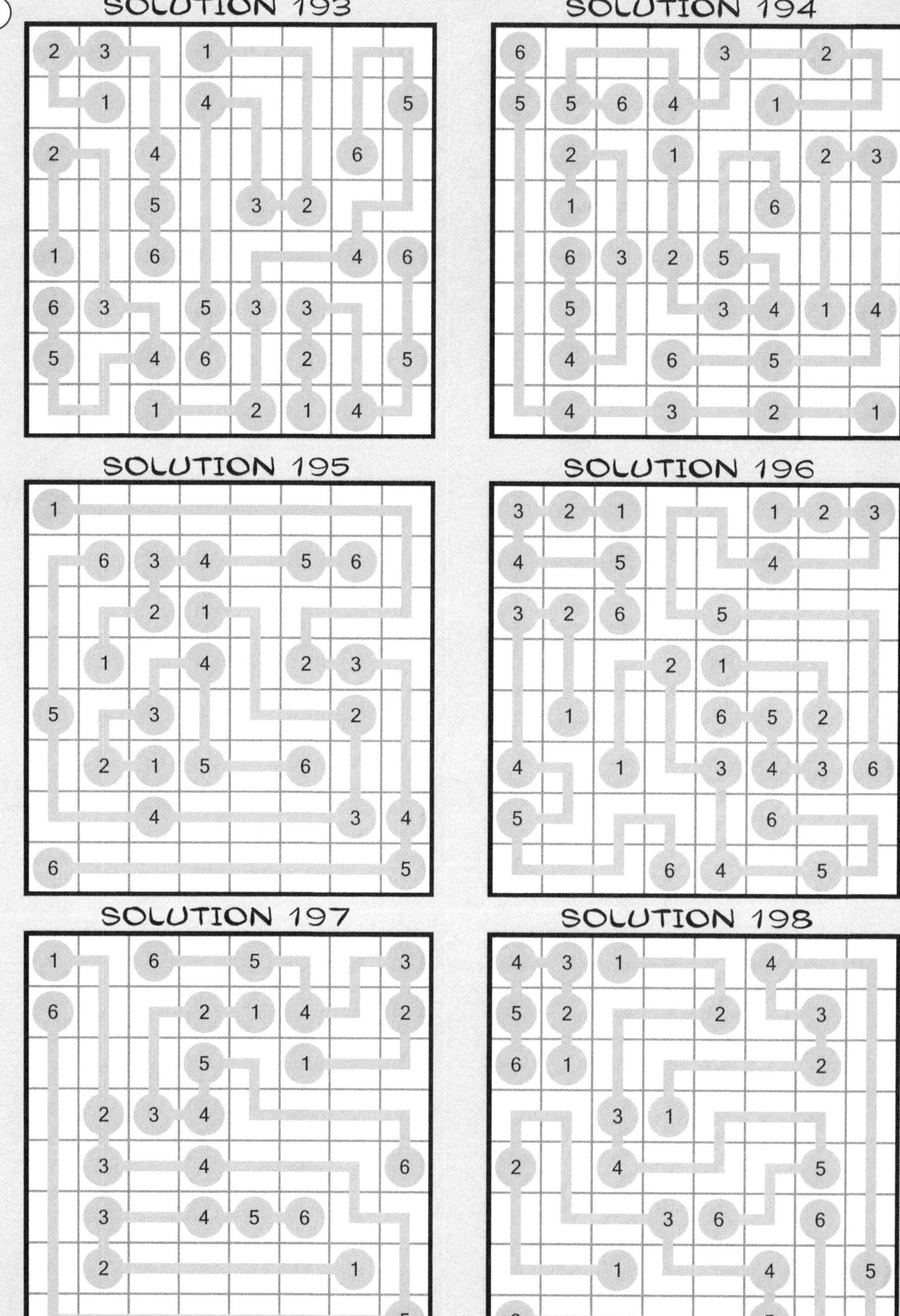

199

200

201

202

203

204

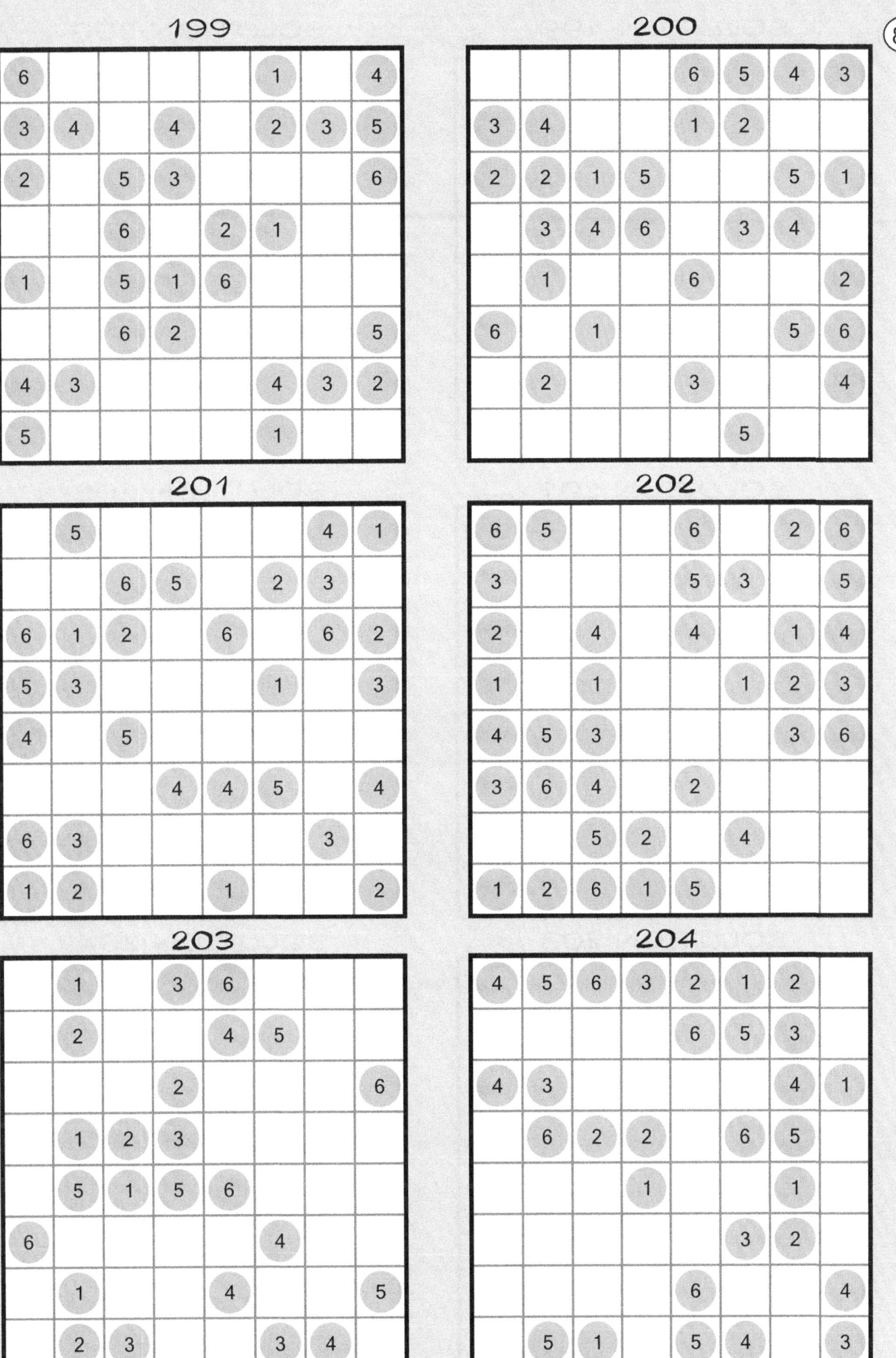

SOLUTION 199

SOLUTION 200

SOLUTION 201

SOLUTION 202

SOLUTION 203

SOLUTION 204

205

	1	6		3			
2	4	5	2	2		6	4
	3	1		1		5	5
1	4		1		3	4	6
					6	4	3
2	3	6	5				2
			3	2	5	5	
4						6	1

206

1		3			5		4
	2	4	5	4			
		3	6				3
2	1			6			
							2
	5	5	4	6	5	6	1
	4	6	3	2	1		
				3		2	1

207

1	3	4		5			6
2							
5		5	2	3	4	1	
		4		6	5		
		3	1			2	6
	6				6	5	
4	3	2		4			
1			3			2	1

208

1	4	5		4	5		
	3	6			5	6	
	2	1			1	2	
2	3			4		3	6
2	3	6			1		
	4		2	6	5	3	2
	5	5	3		4		
1	6	4			1		

209

1	4						
			5				
2	3	5	1	5			
2		6		4	6		
3	1			3			
4		2	1		2		
5		3			4		
6			6				

210

		6	5	4			6
	5		1				
		4	3	2			
	4					5	
		1	3	2			
						1	
			6			2	3

83

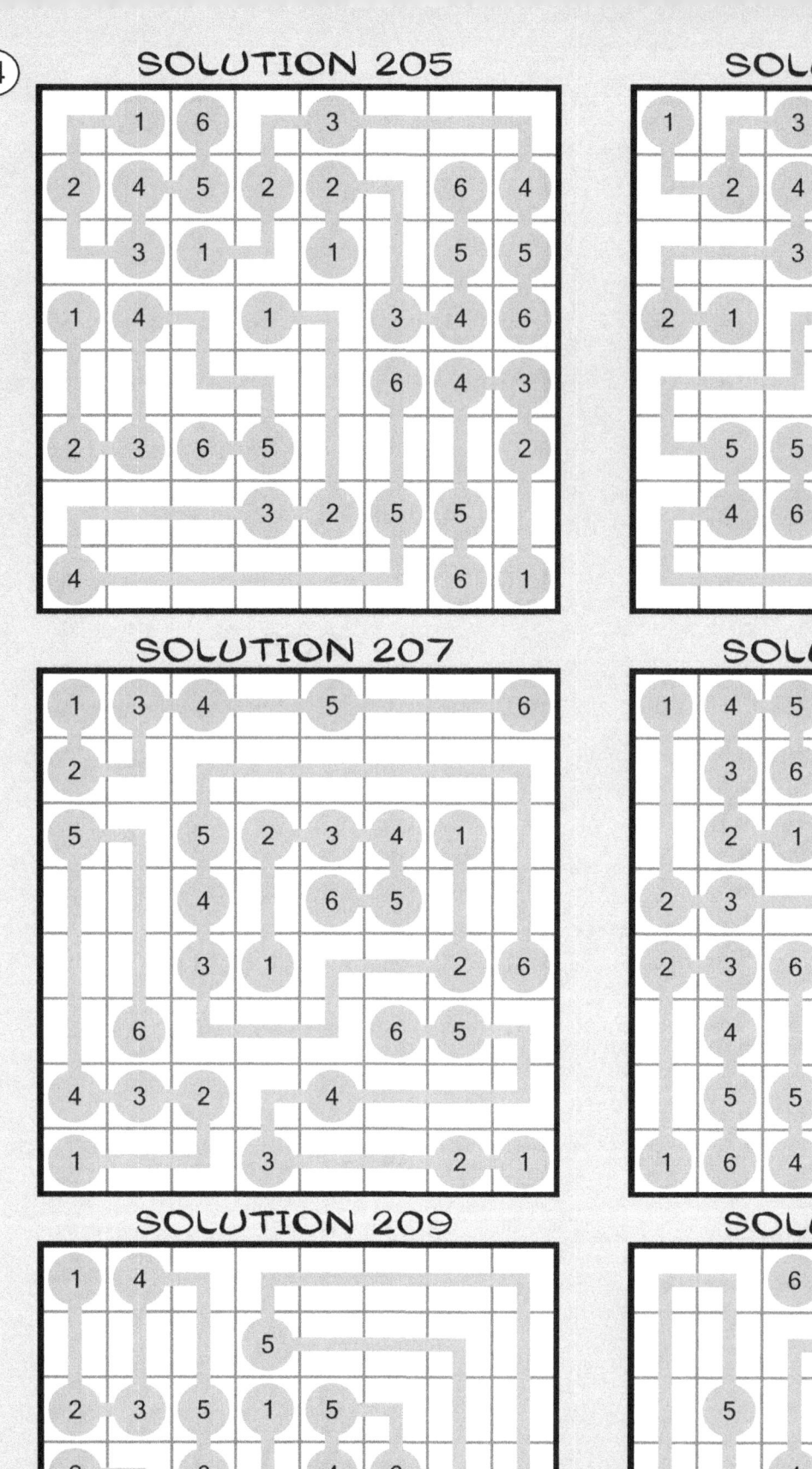

SOLUTION 205

SOLUTION 206

SOLUTION 207

SOLUTION 208

SOLUTION 209

SOLUTION 210

AREA DIVISION

- The grid is filled with cells containing the letters A,B,C & D
- Try to divide the grid into regions that have four cells and contain the four letters A,B,C & D
- The region must contain each letter only once
- Each letter must be contained in only one region

One letter for Each cell

One Cell

B	D	A	A	A	B	C	D	A	B
A		C	B	D	B				D
B		C	D	A	C	A	C		C
D			C	B	C	D	D	B	D
C	D	C	A	B	A	D	B	A	A
A	A	B	A	C	D	B	D	C	B
D	B	A	C				A	C	B
C	D	C	D	C	A		C	C	A
B	C	A	D	B	A	B	D	B	D
D	B	D	A	B	C	D	B	A	C

One region containing the letters A,B,C & D

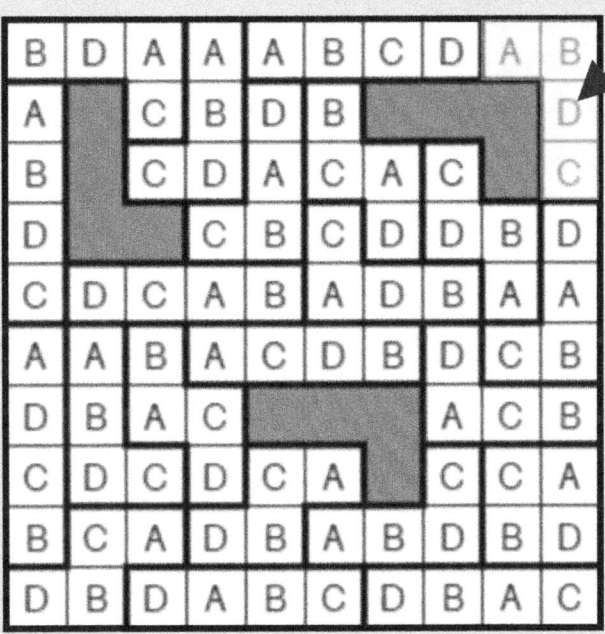

211

B	C	B	C	A	D	D	A	C	C
D	B	D	A	C	D			B	A
C			A	C	A			D	B
A			D	B	B	A	D	A	C
B	B	D	A	C	C	D	C	B	B
C	D	A	D	B	A	D	C	B	B
D	C	A	B	C	A			A	D
D			D	B	C			A	C
A			B	D	A	A	A	B	C
C	B	C	B	A	D	C	D	B	D

212

D	A	B	C	A	B	C	A	A	B
D	D	C	B	D	D			B	A
C			A	C	B			C	C
B			A	D	C	D	B	D	D
A	B	A	C	B	D	A	C	B	D
B	D	C	D	C	A	B	A	C	B
A	C	A	B	D				D	A
D			D	A	C			A	C
C			C	B	D	D	C	C	A
B	B	C	A	D	B	B	A	B	D

213

C	A	A	C	D	C	D	A	C	C
B	D	D	C	B	D			B	A
A			A	B	A			B	D
D			B	B	D	A	C	B	C
B	A	D	A	B	C	D	D	C	A
C	A	C	B	C	B	D	A	B	D
D	B	C	D	A	B			A	C
B			C	D	D			D	A
A			D	B	B	C	A	B	A
C	A	C	B	A	D	C	D	C	B

214

A	D	A	B	D	C	D	B	A	C
B	C	B	A	B	C			A	B
C			D	C	A			D	D
D			C	A	D	A	C	C	C
B	A	B	D	C	A	D	D	A	D
A	A	C	D	B	C	B	B	B	A
D	B	D	B	D	B			B	C
D			C	A	A			C	A
C			B	A	C	B	D	A	D
B	A	D	C	D	C	A	C	B	B

215

A	A	C	D	B	C	D	B	C	A
C	D	B	A	B	D			C	D
D			C	A	D			A	A
B			D	D	B	B	C	D	B
A	A	C	B	A	B	B	D	D	C
C	D	A	C	B	C	A	C	B	A
A	D	C	B	D	B			B	B
A			D	A	C			D	A
D			C	B	C	C	C	A	D
B	C	A	B	D	A	B	A	D	C

216

B	C	D	D	B	C	D	C	A	B
D		A	B	D	A				A
A		B	C	C	D	C	A		D
B			A	A	C	D	B	D	C
C	A	B	D	A	D	A	B	B	B
C	D	B	C	D	C	B	A	C	D
A	B	B	C				D	A	C
D	A	D	D	B	A			B	A
B	A	C	A	A	C	D	B	C	A
C	C	D	B	C	B	D	A	C	D

SOLUTION 211

B	C	B	C	A	D	D	A	C	C
D	B	D	A	C	D	▓	▓	B	A
C	▓	▓	A	C	A	▓	▓	D	B
A	▓	▓	D	B	B	A	D	A	C
B	B	D	A	C	C	D	C	B	B
C	D	A	D	B	A	D	C	B	B
D	C	A	B	C	A	▓	▓	A	D
D	▓	▓	D	B	C	▓	▓	A	C
A	▓	▓	B	D	A	A	A	B	C
C	B	C	B	A	D	C	D	B	D

SOLUTION 212

D	A	B	C	A	B	C	A	A	B
D	D	C	B	D	D	▓	▓	B	A
C	▓	▓	A	C	B	▓	▓	C	C
B	▓	▓	A	D	C	D	B	D	D
A	B	A	C	B	D	A	C	B	D
B	D	C	D	C	A	B	A	C	B
A	C	A	B	D	▓	▓	▓	D	A
D	▓	▓	D	A	C	▓	▓	A	C
C	▓	▓	C	B	D	D	C	C	A
B	B	C	A	D	B	B	B	A	D

SOLUTION 213

C	A	A	C	D	C	D	A	C	C
B	D	D	C	B	D	▓	▓	B	A
A	▓	▓	A	B	A	▓	▓	B	D
D	▓	▓	B	B	D	A	C	B	C
B	A	D	A	B	C	D	D	C	A
C	A	C	B	C	B	D	A	B	D
D	B	C	D	A	B	▓	▓	A	C
B	▓	▓	C	D	D	▓	▓	D	A
A	▓	▓	D	B	B	C	A	B	A
C	A	C	B	A	D	C	D	C	B

SOLUTION 214

A	D	A	B	D	C	D	B	A	C
B	C	B	A	B	C	▓	▓	A	B
C	▓	▓	D	C	A	▓	▓	D	D
D	▓	▓	C	A	D	A	C	C	C
B	A	B	D	C	A	D	D	A	D
A	A	C	D	B	C	B	B	B	A
D	B	D	B	D	B	▓	▓	B	C
D	▓	▓	C	A	A	▓	▓	C	A
C	▓	▓	B	A	C	B	D	A	D
B	A	D	C	D	C	A	C	B	B

SOLUTION 215

A	A	C	D	B	C	D	B	C	A
C	D	B	A	B	D	▓	▓	C	D
D	▓	▓	C	A	D	▓	▓	A	A
B	▓	▓	D	D	B	B	C	D	B
A	A	C	B	A	B	B	D	D	C
C	D	A	C	B	C	A	C	B	A
A	D	C	B	D	B	▓	▓	B	B
A	▓	▓	D	A	C	▓	▓	D	A
D	▓	▓	C	B	C	C	C	A	D
B	C	A	B	D	A	B	A	D	C

SOLUTION 216

B	C	D	D	B	C	D	C	A	B
D	▓	A	B	D	A	▓	▓	▓	A
A	▓	B	C	C	D	C	A	▓	D
B	▓	A	A	C	D	B	D	C	C
C	A	B	D	A	D	A	B	B	B
C	D	B	C	D	C	B	A	C	D
A	B	B	C	▓	▓	▓	D	A	C
D	A	D	D	B	A	▓	B	A	B
B	A	C	A	A	C	D	B	C	A
C	C	D	B	C	B	D	A	C	D

217

B	B	D	A	C	A	B	C	D	B
C		A	D	D	C				A
D		B	C	C	C	B	A		B
A			B	B	A	D	D	D	A
A	B	B	D	A	C	C	A	B	D
A	C	D	A	C	A	D	C	B	C
C	D	A	C				A	B	D
B	B	D	B	D	C		C	B	B
D	C	D	B	A	A	A	D	C	D
C	A	B	D	C	D	A	B	C	A

218

B	B	D	D	B	B	D	C	A	D
C		C	C	A	A				B
D		A	A	C	D	B	C		A
A			C	B	A	B	A	D	C
B	A	B	B	B	D	B	D	C	D
A	D	C	D	C	A	D	C	A	A
B	C	A	D				B	C	B
D	C	A	D	C	B		B	A	C
D	B	C	D	C	D	C	A	D	C
B	A	C	A	D	B	A	B	A	D

219

B	A	C	C	C	C	A	B	D	A
A		D	A	D	D				C
B		D	B	B	A	D	D		B
D			A	D	B	A	A	B	C
C	C	A	B	C	C	B	C	B	D
B	A	B	D	C	A	D	D	B	C
B	C	D	B				D	A	A
A	C	A	D	B	A		C	A	B
C	D	A	C	D	B	B	A	A	D
A	C	D	B	C	D	D	C	C	B

220

B	D	A	A	A	B	C	D	A	B
A		C	B	D	B				D
B		C	D	A	C	A	C		C
D			C	B	C	D	D	B	D
C	D	C	A	B	A	D	B	A	A
A	A	B	A	C	D	B	D	C	B
D	B	A	C				A	C	B
C	D	C	D	C	A		C	C	A
B	C	A	D	B	A	B	D	B	D
D	B	D	A	B	C	D	B	A	C

221

C	B	A	D	A	B	D	C	B	C
C		C	A	D	B		D	B	D
B		C	D	B	B		A	C	A
A	A	C	A	A	C	B	C	C	B
D	D	D			D	D	A	A	D
B	B	B			A	C			B
C	C	D	B	C	D	D	D	C	A
A	D	C	A	A	A	A	C	B	D
D	B			C	B	B	D	A	B
B	C	D	A	C	B	A	D	C	A

222

C	B	D	D	B	A	D	B	A	B
A		A	C	D	C		A	C	D
B		B	A	C	D		C	D	C
D	A	D	B	C	B	B	A	B	D
C	D	D			A	C	C	A	D
B	A	A		C	D				B
D	A	C	B	A	B	A	B	D	C
B	C	D	B	C	B	D	A	C	A
A	C			A	A	C	B	C	B
B	D	D	B	C	A	D	A	D	C

SOLUTION 217

B	B	D	A	C	A	B	C	D	B
C		A	D	D	C				A
D		B	C	C	C	B	A		B
A			B	B	A	D	D	D	A
A	B	B	D	A	C	C	A	B	D
A	C	D	A	C	A	D	C	B	C
C	D	A	C				A	B	D
B	B	D	B	D	C		C	B	B
D	C	D	B	A	A	A	D	C	D
C	A	B	D	C	D	A	B	C	A

SOLUTION 218

B	B	D	D	B	B	D	C	A	D
C		C	C	A	A				B
D		A	A	C	D	B	C		A
A			C	B	A	B	A	D	C
B	A	B	B	B	D	B	D	C	D
A	D	C	D	C	A	D	C	A	A
B	C	A	D				B	C	B
D	C	A	D	C	B		B	A	C
D	B	C	D	C	D	C	A	D	C
B	A	C	A	D	B	A	B	A	D

SOLUTION 219

B	A	C	C	C	C	A	B	D	A
A		D	A	D	D				C
B		D	B	B	A	D	D		B
D			A	D	B	A	A	B	C
C	C	A	B	C	C	B	C	B	D
B	A	B	D	C	A	D	D	B	C
B	C	D	B				D	A	A
A	C	A	D	B	A		C	A	B
C	D	A	C	D	B	B	A	A	D
A	C	D	B	C	D	D	C	C	B

SOLUTION 220

B	D	A	A	A	B	C	D	A	B
A		C	B	D	B				D
B		C	D	A	C	A	C		C
D			C	B	C	D	D	B	D
C	D	C	A	B	A	D	B	A	A
A	A	B	A	C	D	B	D	C	B
D	B	A					A	C	B
C	D	C	D	C	A		C	C	A
B	C	A	D	B	A	B	D	B	D
D	B	D	A	B	C	D	B	A	C

SOLUTION 221

C	B	A	D	A	B	D	C	B	C
C		C	A	D	B		D	B	D
B		C	D	B	B		A	C	A
A	A	C	A	A	C	B	C	C	B
D	D	D			D	D	A	A	D
B	B	B			A	C			B
C	C	D	B	C	D	D	D	C	A
A	D	C	A	A	A	A	C	B	D
D	B			C	B	B	D	A	B
B	C	D	A	C	B	A	D	C	A

SOLUTION 222

C	B	D	D	B	A	D	B	A	B
A		A	C	D	C		A	C	D
B		B	A	C	D		C	D	C
D	A	D	B	C	B	B	A	B	D
C	D	D			A	C	C	A	D
B	A	A			C	D			B
D	A	C	B	A	B	A	B	D	C
B	C	D	B	C	B	D	A	C	A
A	C			A	A	C	B	C	B
B	D	D	B	C	A	D	A	D	C

223

C	B	C	C	D	D	B	C	A	D
A		A	D	B	A		A	C	C
D		A	D	C	B		D	A	B
B	D	C	A	D	C	B	C	D	B
A	B	C			B	B	A	B	B
C	D	B			D	A			A
C	A	D	A	C	A	C	D	D	C
D	B	D	A	C	D	B	C	A	A
B	A			B	B	C	B	C	B
D	A	C	B	A	D	A	D	D	C

224

A	D	C	B	B	B	A	C	C	D
B		C	A	D	C		B	D	B
A		B	A	A	D		A	D	A
D	B	A	C	D	D	B	C	D	C
C	C	D			B	A	C	A	B
B	C	A			A	B			A
A	D	D	D	A	D	C	D	B	C
B	C	C	B	B	A	A	B	C	B
D	C				B	C	D	D	D
B	A	D	A	C	A	B	C	A	C

225

B	C	A	A	B	D	C	A	B	A
A		D	B	A	C		C	D	B
D		D	D	C	D		A	B	A
B	C	C	A	B	C	B	D	C	D
B	A	B			C	B	C	A	C
C	C	A			A	D			B
B	D	C	D	D	B	D	A	A	D
A	D	C	A	A	C	C	D	C	B
D	B				C	B	D	B	A
D	C	B	A	A	B	D	B	A	C

226

B	B	C	A	D	C	D	B	B	D
C			B	D	C	B	A	C	A
A	D			C	A	A	D	D	A
A	B	A	D	A	C	B			B
B	C	D	B	A	C	A			C
C	D		A		D	D	C	D	A
C	C	D	B	A	D	B		B	C
A	B	D	C	B	B	C	C	D	B
B				A	D			D	A
C	D	A	B	A	C	D	B	C	A

227

B	A	B	C	D	A	C	D	A	C
D			C	A	D	B	A	C	B
C	A			B	D	D	B	D	B
B	A	B	D	C	A	C			A
A	D	C	D	B	A	C			D
B	B		C		D	A	B	A	B
A	C	A	D	D	B	C		D	C
C	A	C	D	B	A	A	C	B	A
D				C	A		B	D	
D	A	C	B	D	B	B	B	C	D

228

C	C	A	B	D	B	A	C	A	D
B			C	D	A	D	C	D	B
A	C			C	D	C	B	A	B
D	D	B	A	B	C	A			D
C	A	A	A	B	D	D			C
D	B		D		B	C	A	D	B
D	B	B	C	C	A	B		A	A
C	A	D	C	B	D	D	C	B	C
B				A	D		D	A	
A	C	A	B	D	B	A	C	C	B

SOLUTION 223

C	B	C	C	D	D	B	C	A	D
A	■	A	D	B	A	■	A	C	C
D	■	A	D	C	B	■	D	A	B
B	D	C	A	D	C	B	C	D	B
A	B	C	■	■	B	B	A	B	B
C	D	B	■	■	D	A	■	■	A
C	A	D	A	C	A	C	D	D	C
D	B	D	A	C	D	B	C	A	A
B	A	■	■	B	B	C	B	C	B
D	A	C	B	A	D	A	D	D	C

SOLUTION 224

A	D	C	B	B	B	A	C	C	D
B	■	C	A	D	C	■	B	D	B
A	■	B	A	A	D	■	A	D	A
D	B	A	C	D	D	B	C	D	C
C	C	D	■	■	B	A	C	A	B
B	C	A	■	■	A	B	■	■	A
A	D	D	D	A	D	C	D	B	C
B	C	C	B	B	A	A	B	C	B
D	C	■	■	B	C	D	D	D	D
B	A	D	A	C	A	B	C	A	C

SOLUTION 225

B	C	A	A	B	D	C	A	B	A
A	■	D	B	A	C	■	C	D	B
D	■	D	D	C	D	■	A	B	A
B	C	C	A	B	C	B	D	C	D
B	A	B	■	■	C	B	C	A	C
C	C	A	■	■	A	D	■	■	B
B	D	C	D	D	B	D	A	A	D
A	D	C	A	A	C	C	D	C	B
D	B	■	■	C	B	D	B	A	D
D	C	B	A	A	B	D	B	A	C

SOLUTION 226

B	B	C	A	D	C	D	B	B	D
C	■	■	B	D	C	B	A	C	A
A	D	■	■	C	A	A	D	D	A
A	B	A	D	A	C	B	■	■	B
B	C	D	B	A	C	A	■	■	C
C	D	■	A	■	D	D	C	D	A
C	C	D	B	A	D	B	■	B	C
A	B	D	C	B	B	C	C	D	B
B	■	■	■	■	A	D	■	D	A
C	D	A	B	A	C	D	B	C	A

SOLUTION 227

B	A	B	C	D	A	C	D	A	C
D	■	■	C	A	D	B	A	C	B
C	A	■	■	B	D	D	B	D	B
B	A	B	D	C	A	C	■	■	A
A	D	C	D	B	A	C	■	■	D
B	B	■	C	■	D	A	B	A	B
A	C	A	D	D	B	C	■	D	C
C	A	C	D	B	A	A	C	B	A
D	■	■	■	■	C	A	■	B	D
D	A	C	B	D	B	B	C	D	C

SOLUTION 228

C	C	A	B	D	B	A	C	A	D
B	■	■	C	D	A	D	C	D	B
A	C	■	■	C	D	C	B	A	B
D	D	B	A	B	C	A	■	■	D
C	A	A	A	B	D	D	■	■	C
D	B	■	D	■	B	C	A	D	B
D	B	B	C	C	A	B	■	A	A
C	A	D	C	B	D	D	C	B	C
B	■	■	■	■	■	A	D	D	A
A	C	A	B	D	B	A	C	C	B

229

A	B	C	D	D	A	B	C	D	A
C			D	B	C	B	D	A	A
A	B			A	B	C	B	B	C
B	D	D	B	C	D	A			D
A	A	C	B	A	C	D			A
C	D		D		C	B	B	D	C
C	A	C	A	C	D	A		B	D
B	D	B	B	D	C	B	C	A	B
A					A	B		A	D
D	C	B	D	A	C	C	D	A	C

230

C	A	C	D	B	D	A	A	B	D
D			C	A	C	B	B	C	C
A	A			D	B	A	D	A	D
B	C	B	D	C	D	B			C
D	A	C	B	A	B	A			B
B	C		D		D	C	B	A	D
B	B	A	D	B	A	C		D	C
A	C	D	C	A	C	D	B	A	C
A					D	D		A	D
B	D	C	A	B	C	B	C	A	B

231

B	B	A	C	A	C	D	A	C	B
A	A		D		D	B	A	B	C
C	B	B	A	C	B	D	D	D	A
D	D	A	C			A	C	B	D
B	C	C	D	A	C	B	A	A	B
C		A	D	D	B		D	C	D
D			B	C			B	C	A
A		C	D	B		A	D	C	B
D	A	C	D	A	B	C	C	A	D
A	C	B	B	C	D	A	B	B	D

232

B	D	C	A	B	D	B	C	A	C
A	C		A		A	D	D	D	B
D	A	C	D	B	C	A	A	C	D
C	B	B	D			C	C	B	A
D	A	B	C	B	C	D	B	C	B
A		A	D	D	A		A	A	B
B			C	A			B	C	D
C		A	B	B		B	C	D	D
A	C	D	D	D	A	B	A	D	B
B	C	D	C	B	A	D	C	C	A

233

B	C	A	D	A	C	C	B	A	B
D	C		D		D	B	A	D	D
C	A	D	A	C	D	A	A	C	C
A	B	B	C			B	C	A	D
C	B	A	B	A	C	D	B	A	B
A		D	C	B	D		D	C	A
B			C	D			B	C	C
D		D	A	A		A	D	B	D
B	B	C	D	B	B	A	D	C	B
C	D	A	B	A	C	D	B	C	A

234

A	C	D	B	C	D	B	A	D	A
A	C		B		C	D	B	A	C
D	B	A	C	A	D	D	C	A	B
D	B	C	D			A	A	B	B
A	B	C	B	C	B	C	B	C	C
D		D	C	A	D		C	B	D
B			B	A			D	A	A
C		B	A	D		C	B	D	C
A	C	B	D	C	B	C	A	D	A
A	D	C	A	D	B	A	D	D	B

SOLUTION 229
SOLUTION 230
SOLUTION 231
SOLUTION 232
SOLUTION 233
SOLUTION 234

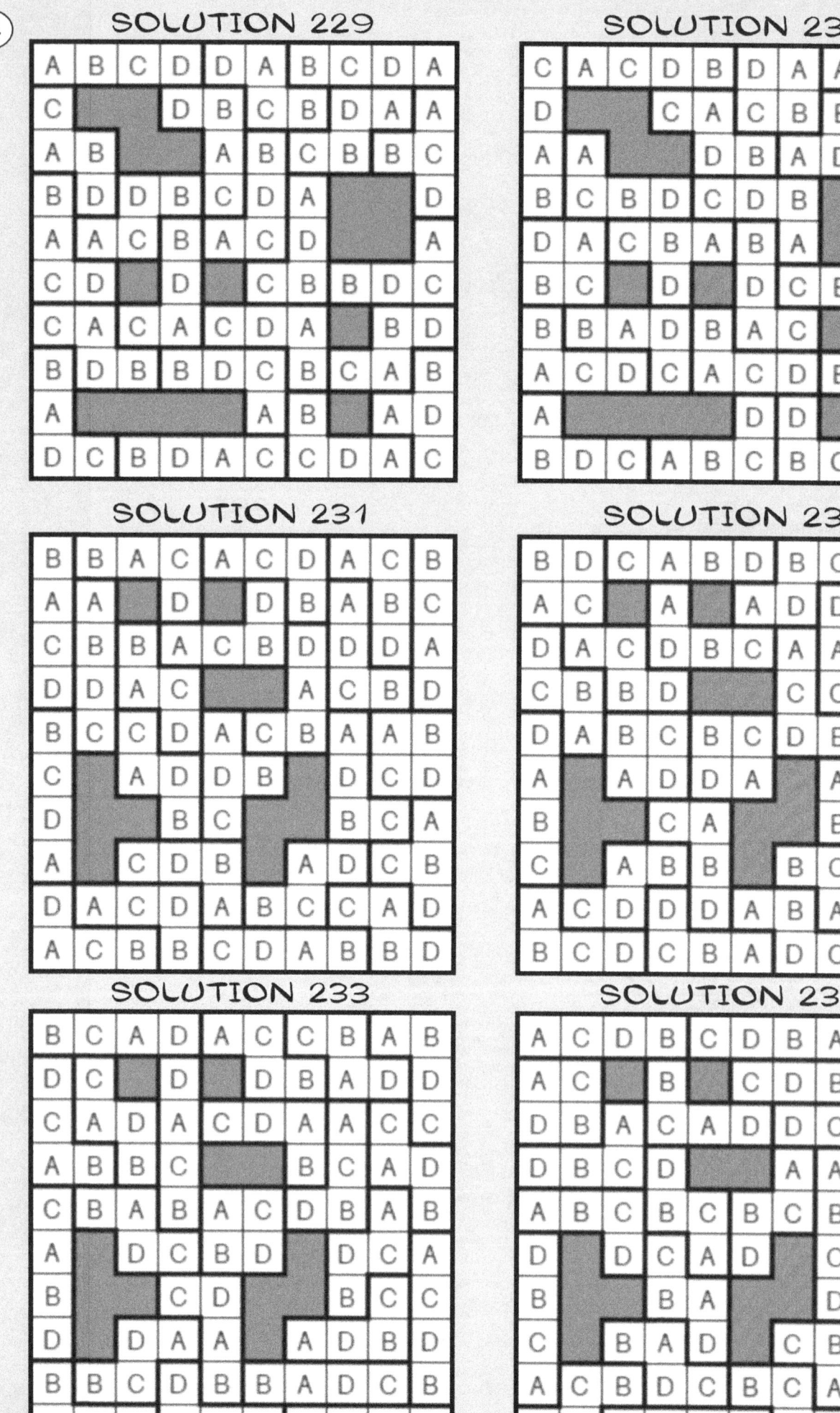

235

D	B	C	D	B	A	B	D	C	B
A	C		A		D	C	C	A	A
B	B	A	B	C	D	B	B	A	D
D	C	D	B			A	C	C	D
C	B	C	A	D	C	B	D	C	A
A		A	D	B	A		B	D	C
C			D	A			D	A	B
A		D	B	C		B	D	A	C
B	D	C	C	A	B	D	C	B	D
A	D	B	D	B	A	C	A	A	C

236

A	B	A	B	D	C	B	A	D	C
B	D	C		A	C		A		B
C		A	B	D	B		B	A	D
D	D	C	B		C	A	C	D	C
B		C	A	D	B	A		B	A
A			D	C	C		C	A	D
C	D	A	B	D		D	B	C	B
D		B	C		B	C	B	D	A
B		A	D	B	C	A	D		C
A	C	C	A	D	A	D	A	D	B

237

A	D	C	D	B	D	A	B	B	C
A	C	B		A	B		C		A
C		B	C	D	C		A	D	D
B	A	C	A		A	A	D	C	B
D		B	D	D	B	B		C	A
D			D	A	C		D	B	D
C	A	D	C	B		A	C	C	D
B		C	B		B	C	A	D	A
A		C	B	C	B	A	D		B
B	D	A	C	A	D	C	A	B	D

238

B	D	C	A	B	D	B	D	B	D
A	D	C		C	A		C		C
B		D	B	B	C		B	A	A
A	C	A	D		A	C	B	D	B
D		A	B	A	D	A		D	C
C			C	C	D		D	C	A
B	D	A	C	B		B	A	A	B
D		C	B		D	C	C	D	C
A		D	A	B	B	C	D		B
C	D	C	B	A	D	A	B	A	A

239

C	B	B	C	A	D	C	B	D	A
A	D	D		B	A		B		C
B		C	B	D	A		D	A	B
C	D	A	D		C	C	A	C	A
D		A	B	C	B	D		C	B
A			D	A	C		D	C	D
D	C	A	C	B		A	B	C	D
C		B	B		A	B	B	A	B
A		A	D	D	C	B	D		D
B	D	D	C	A	B	A	C	C	A

240

A	C	D	C	B	A	C	A	C	B
B	D	A		B	A		B		D
B		B	D	C	D		D	C	A
A	D	C	C		A	B	C	A	B
A		A	C	B	D	D		D	B
B		B	C	D		C	D	A	
D	C	A	B	A		C	D	D	B
C		A	D	B	C	B	A	A	
D		C	B	A	B	D	B		C
C	B	A	D	D	C	A	D	A	C

SOLUTION 235

SOLUTION 236

SOLUTION 237

SOLUTION 238

SOLUTION 239

SOLUTION 240

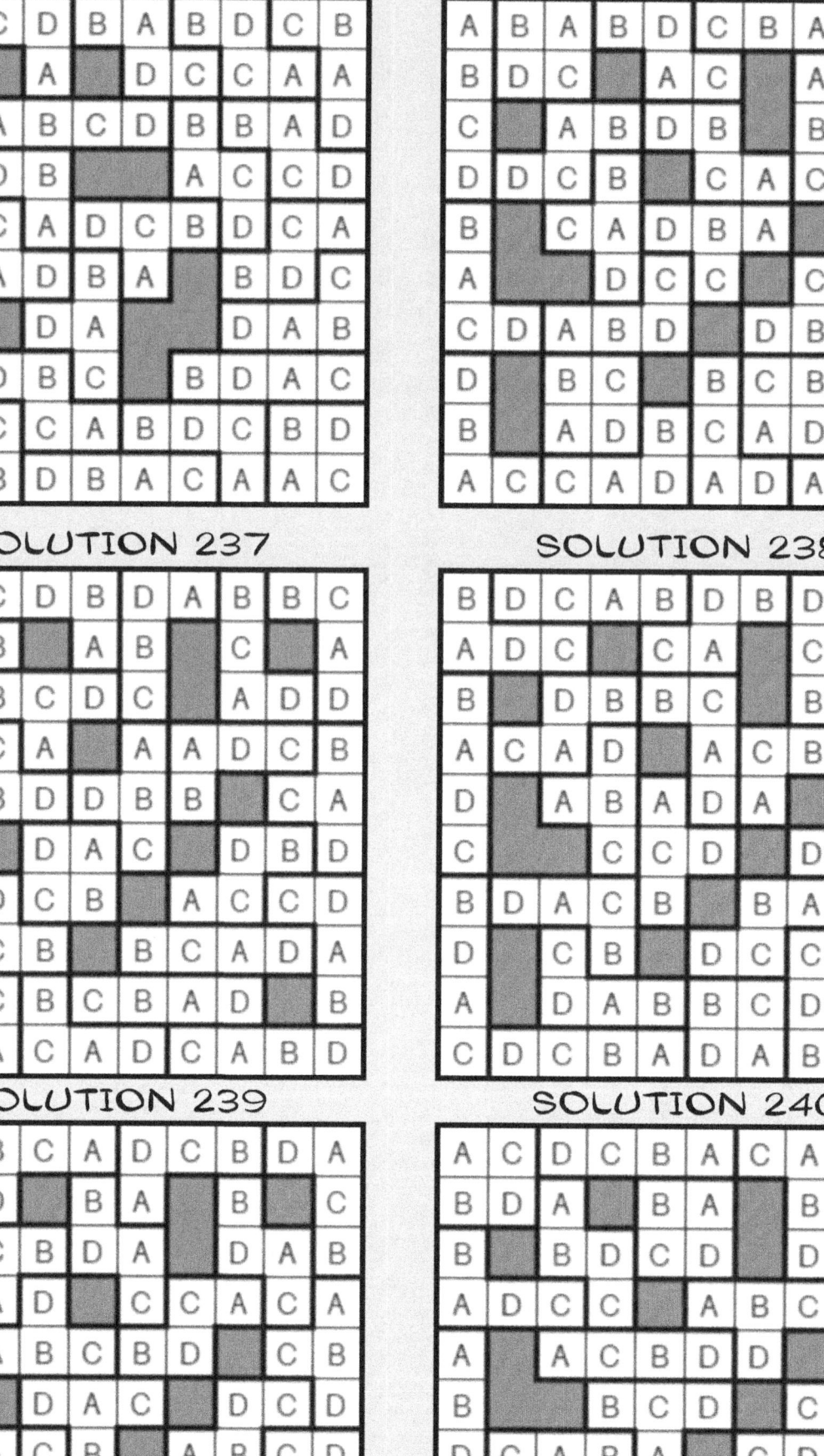

GALAXIES (TENTAI SHOW)

- The grid has some cells with dots in
- Try to divide the grid into regions around each dot
- The region around the dot must be rotationally symmetric around that dot at 180 degrees

For example: Choose an object (in our case a region) and rotate it 180 degrees around its center (dot). If the object appears exactly like it did before the rotation then it has 180 degree rotational symmetry

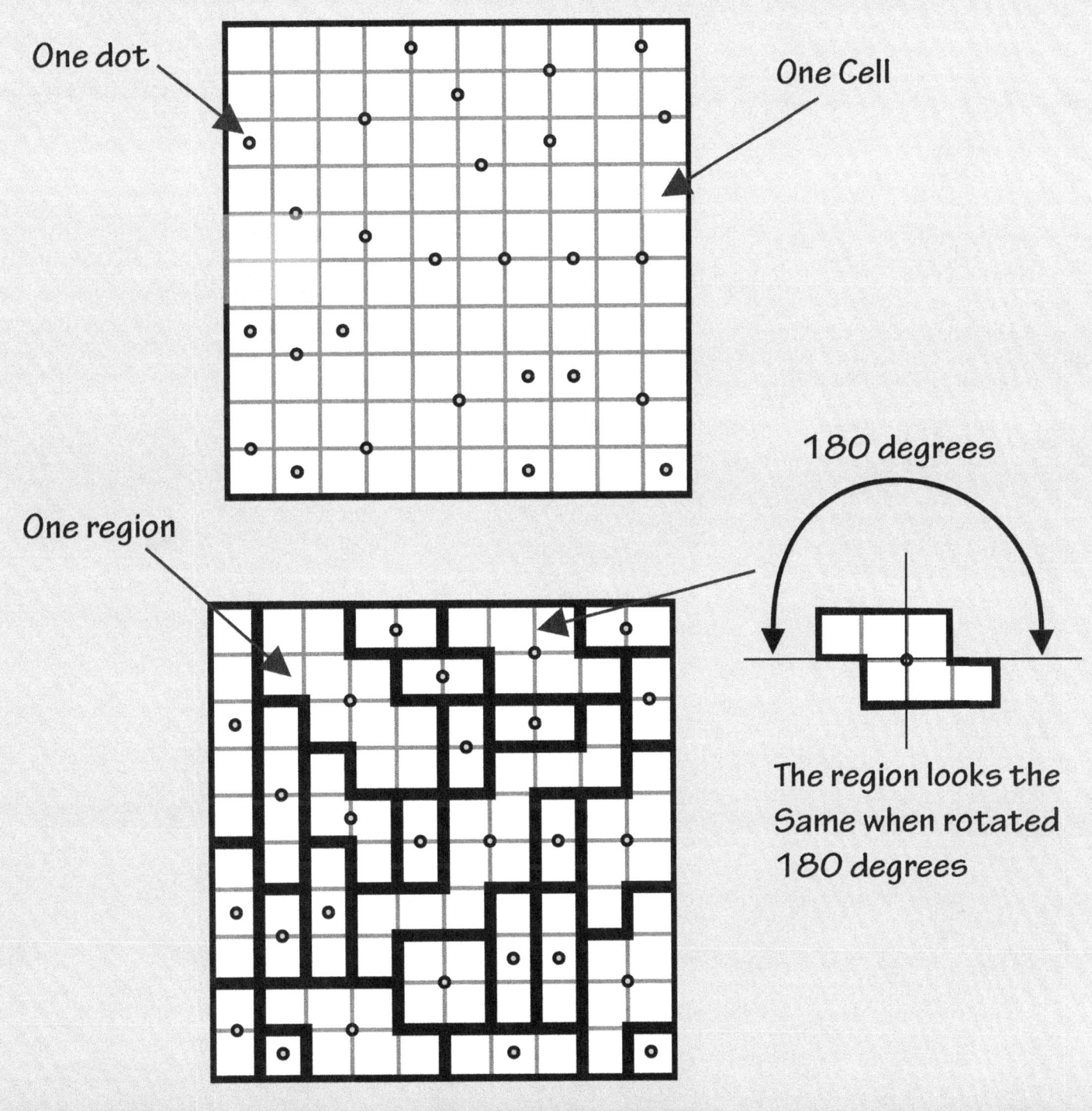

One dot

One Cell

One region

180 degrees

The region looks the Same when rotated 180 degrees

241

242

243

244

245

246

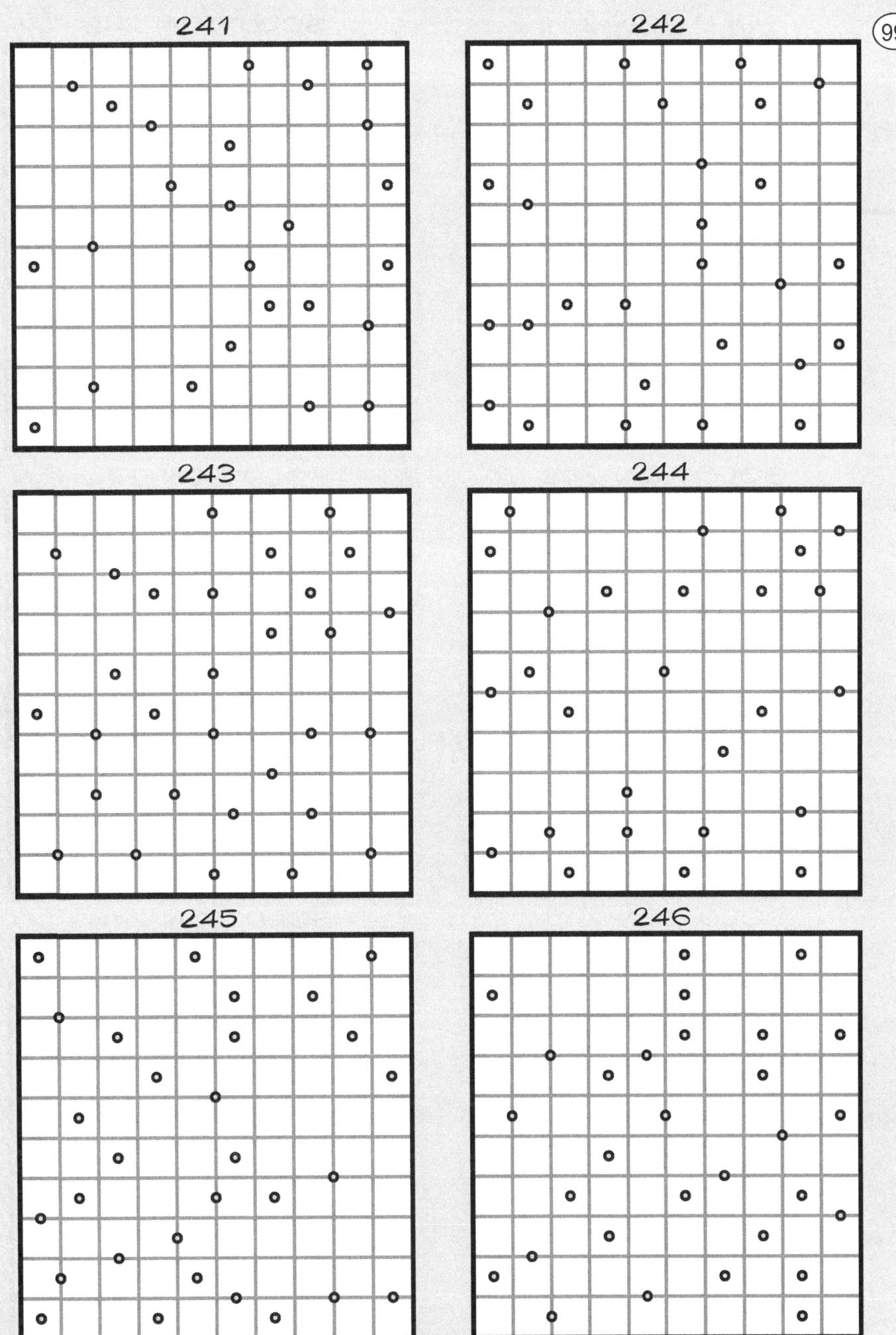

SOLUTION 241

SOLUTION 242

SOLUTION 243

SOLUTION 244

SOLUTION 245

SOLUTION 246

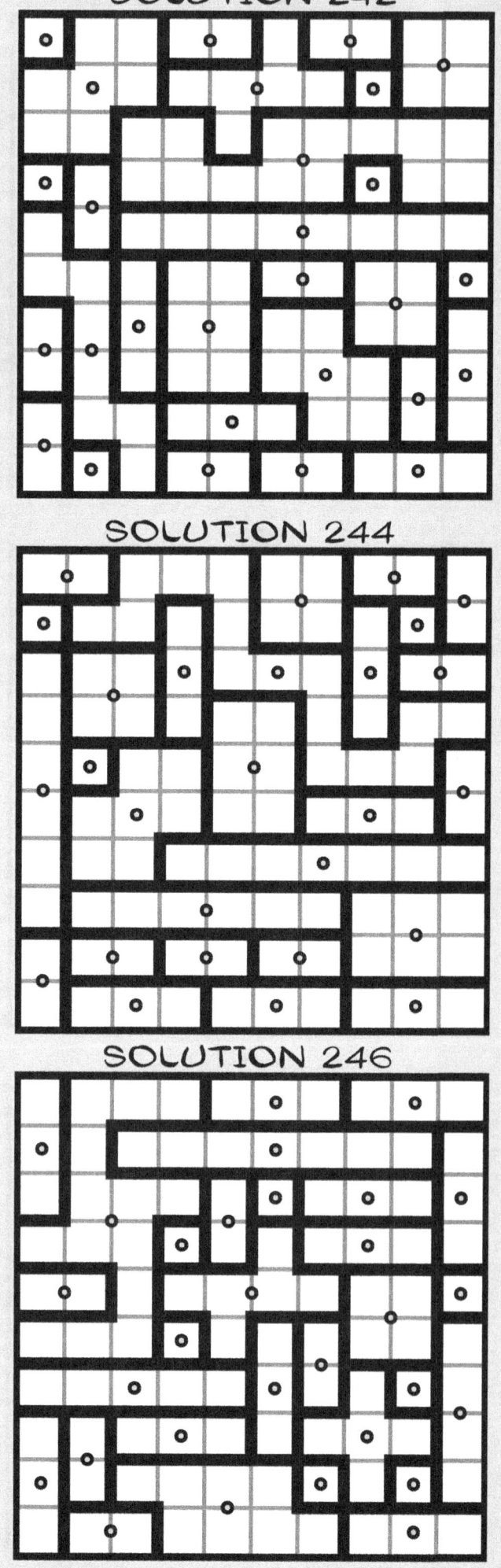

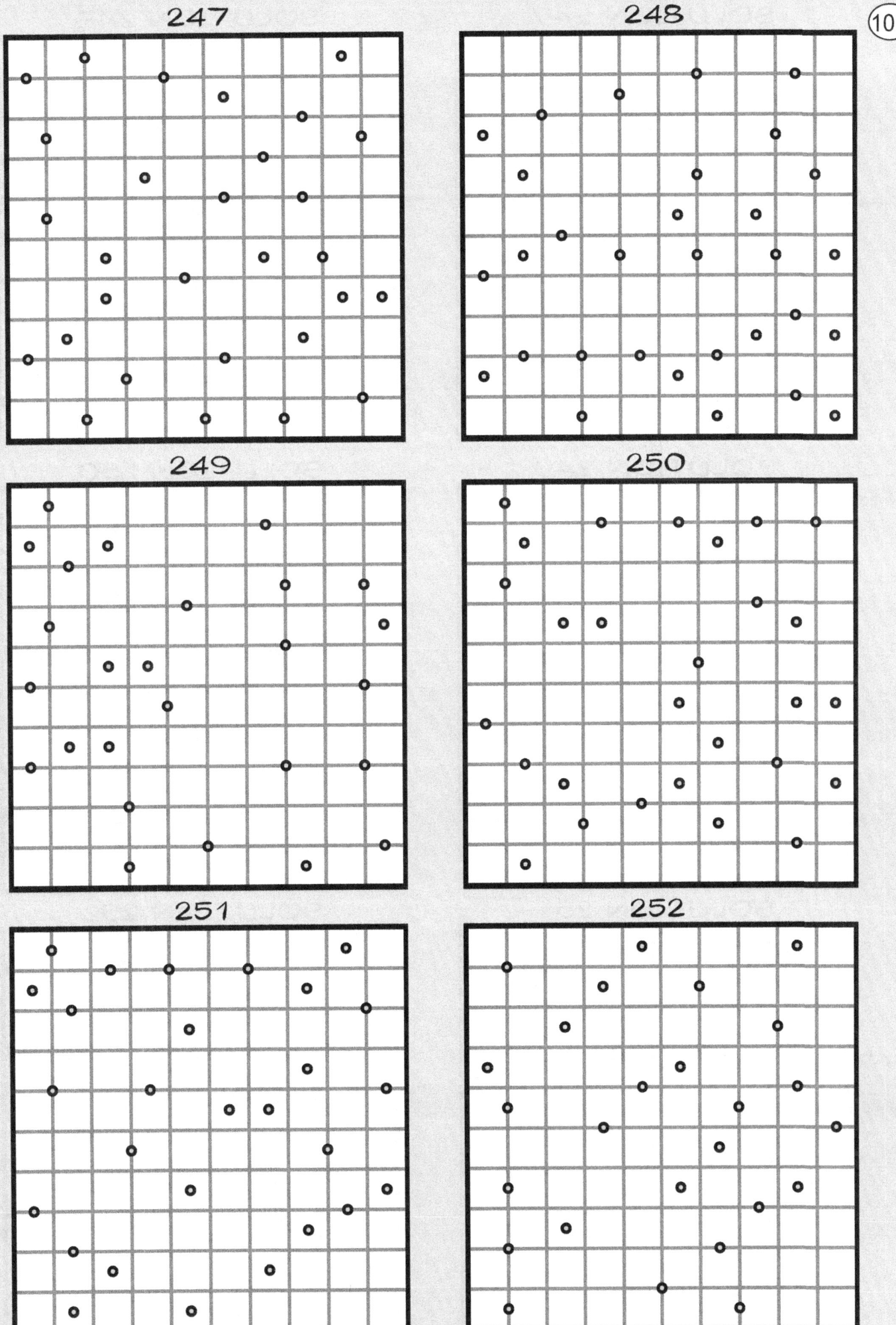

SOLUTION 247

SOLUTION 248

SOLUTION 249

SOLUTION 250

SOLUTION 251

SOLUTION 252

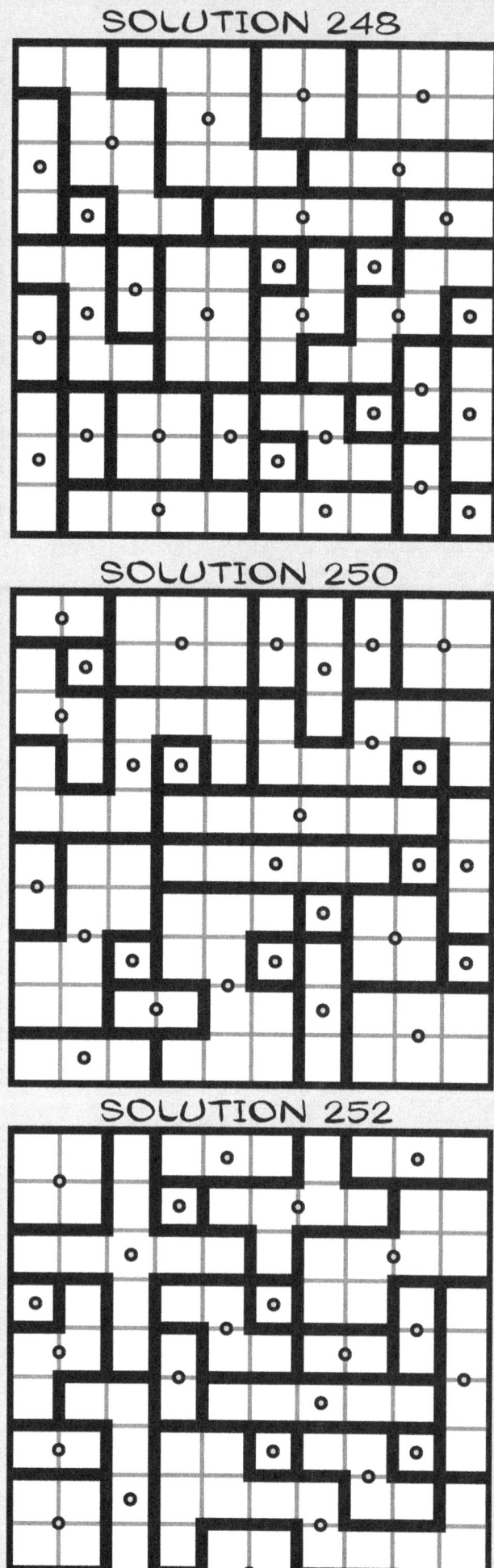

253

254

255

256

257

258

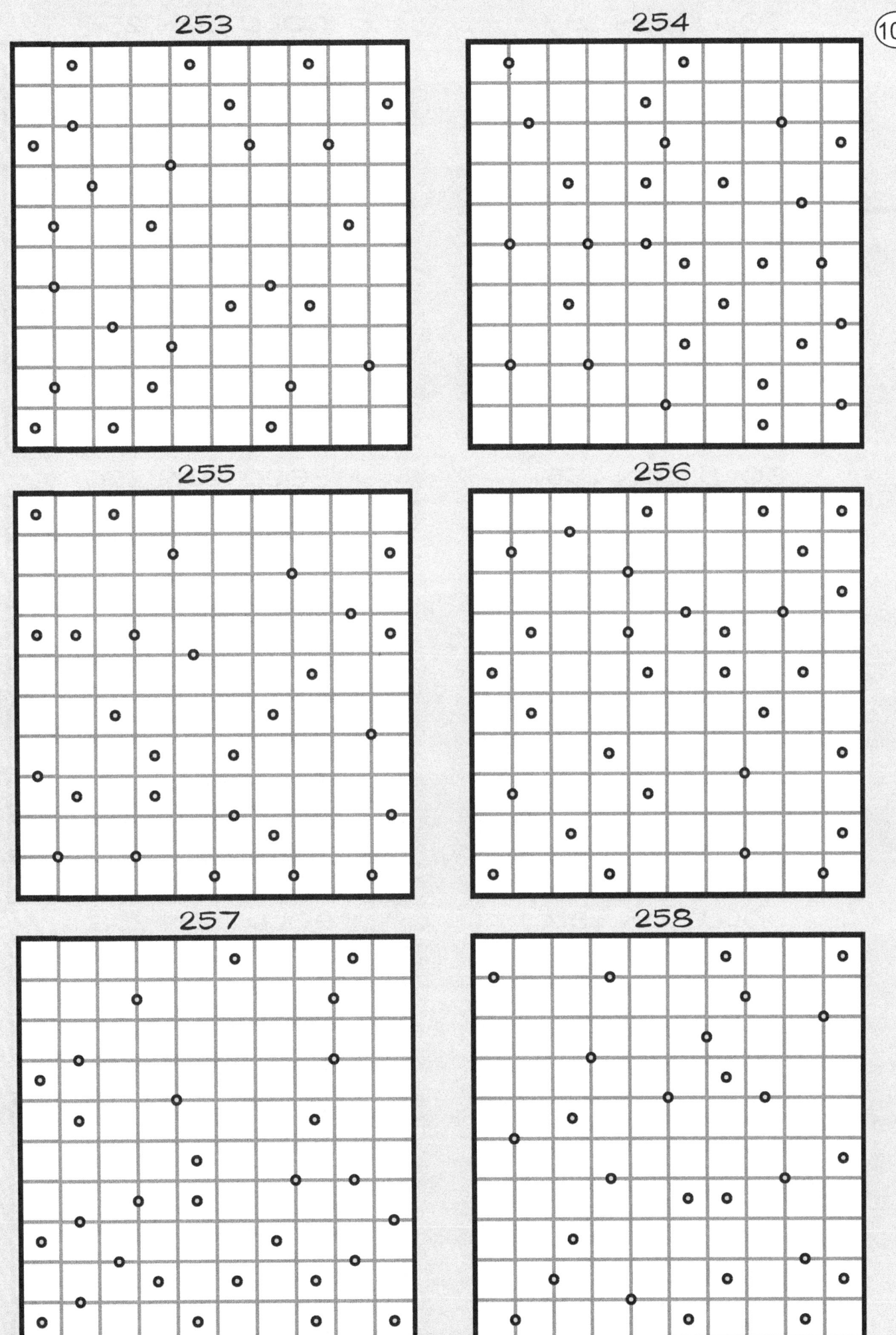

SOLUTION 253 SOLUTION 254

SOLUTION 255 SOLUTION 256

SOLUTION 257 SOLUTION 258

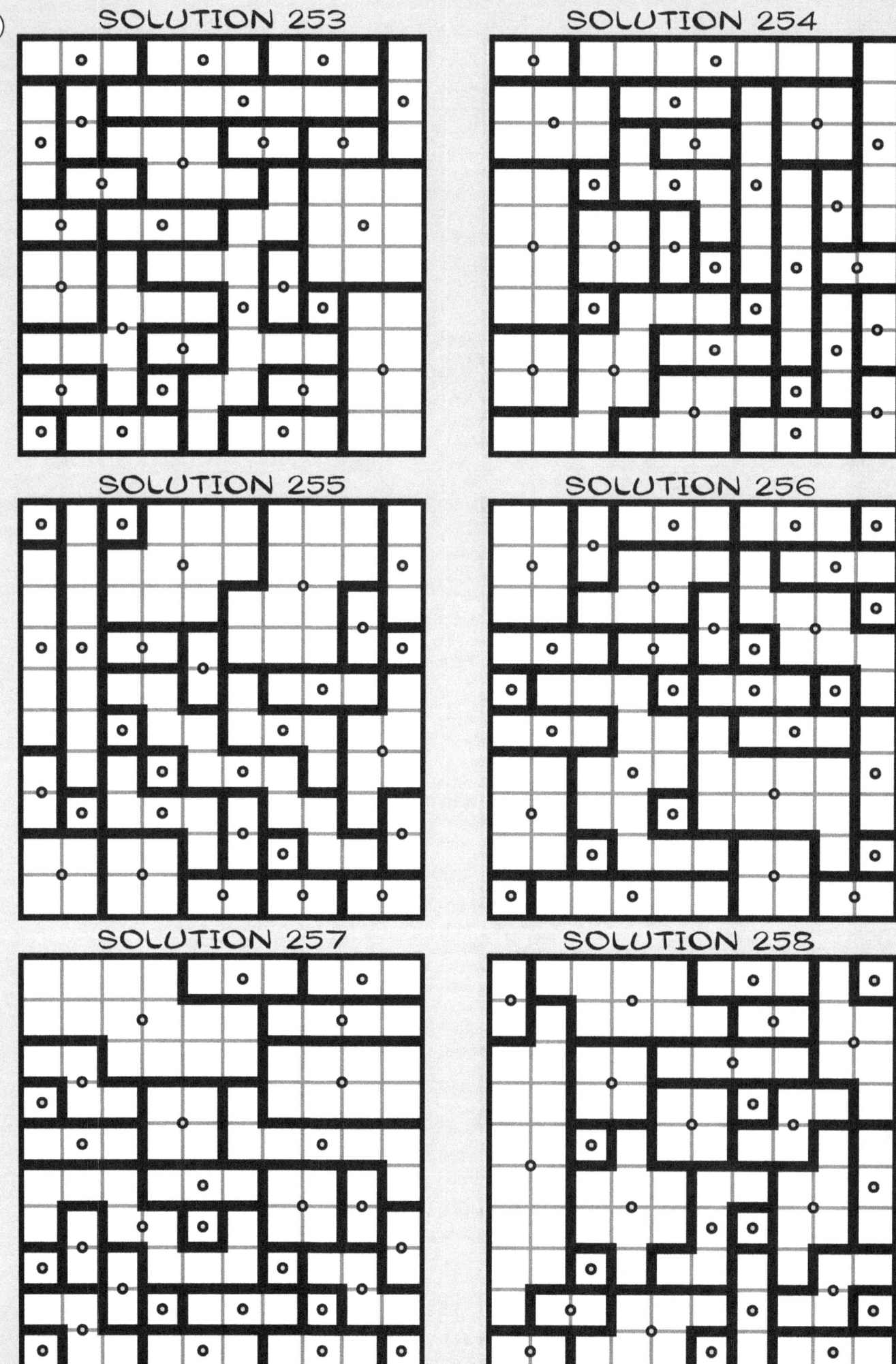

259

260

261

262

263

264

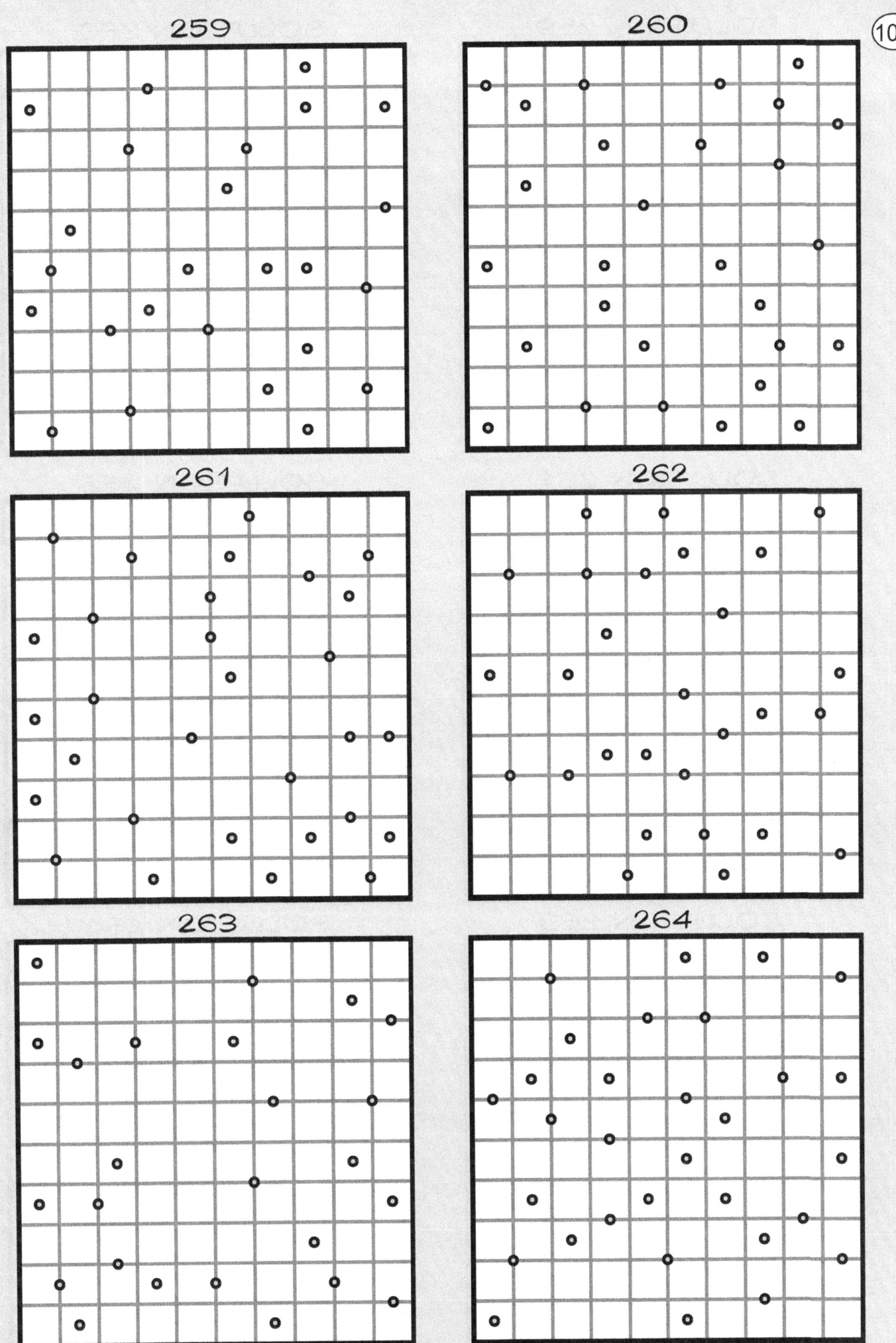

106

SOLUTION 259

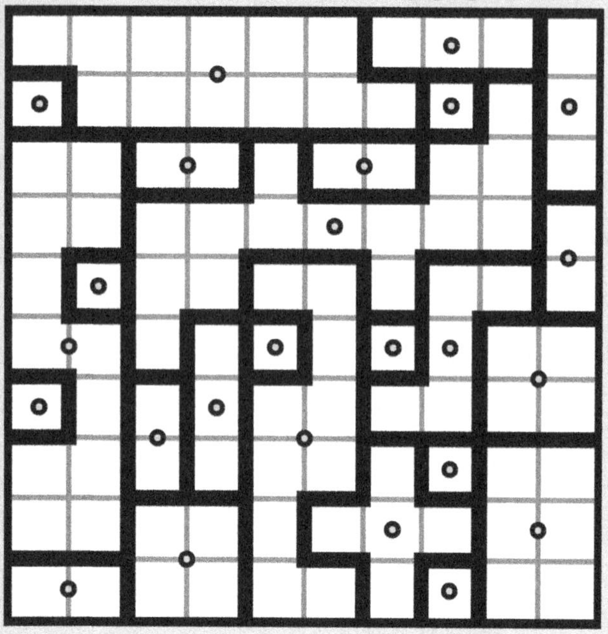

SOLUTION 260

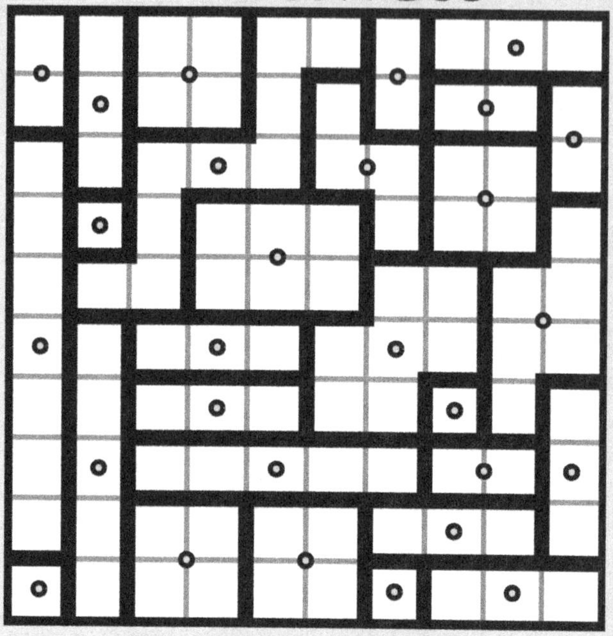

SOLUTION 261

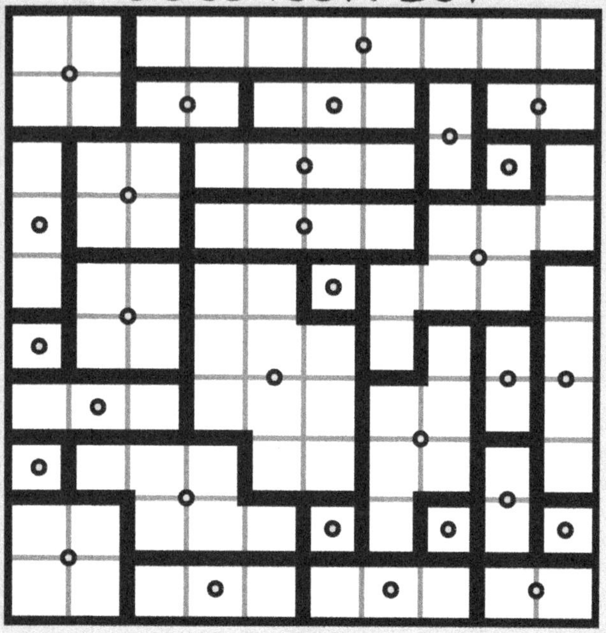

SOLUTION 262

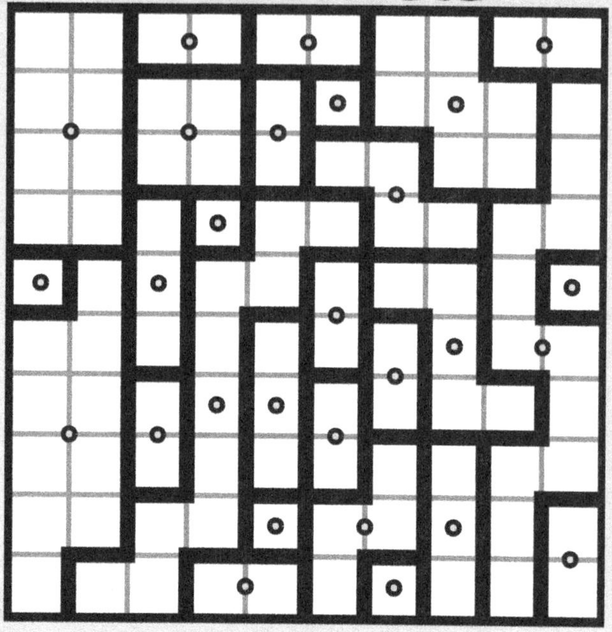

SOLUTION 263

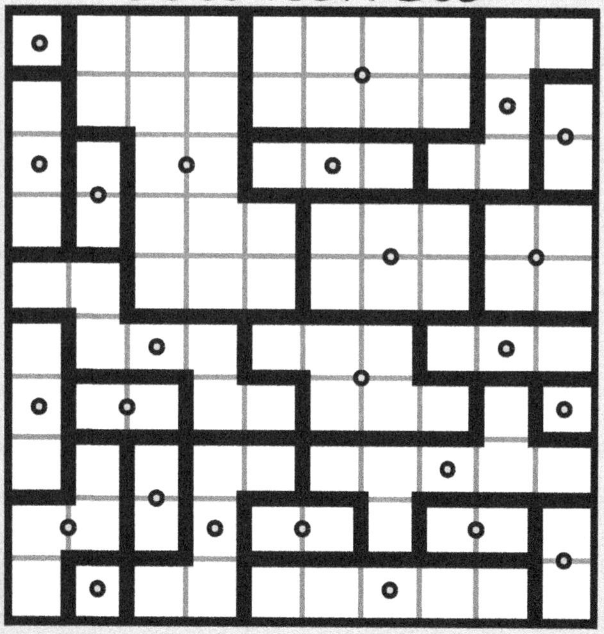

SOLUTION 264

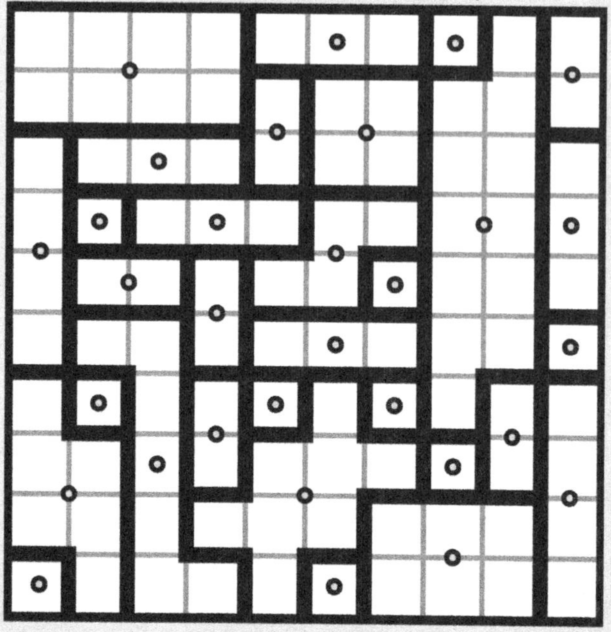

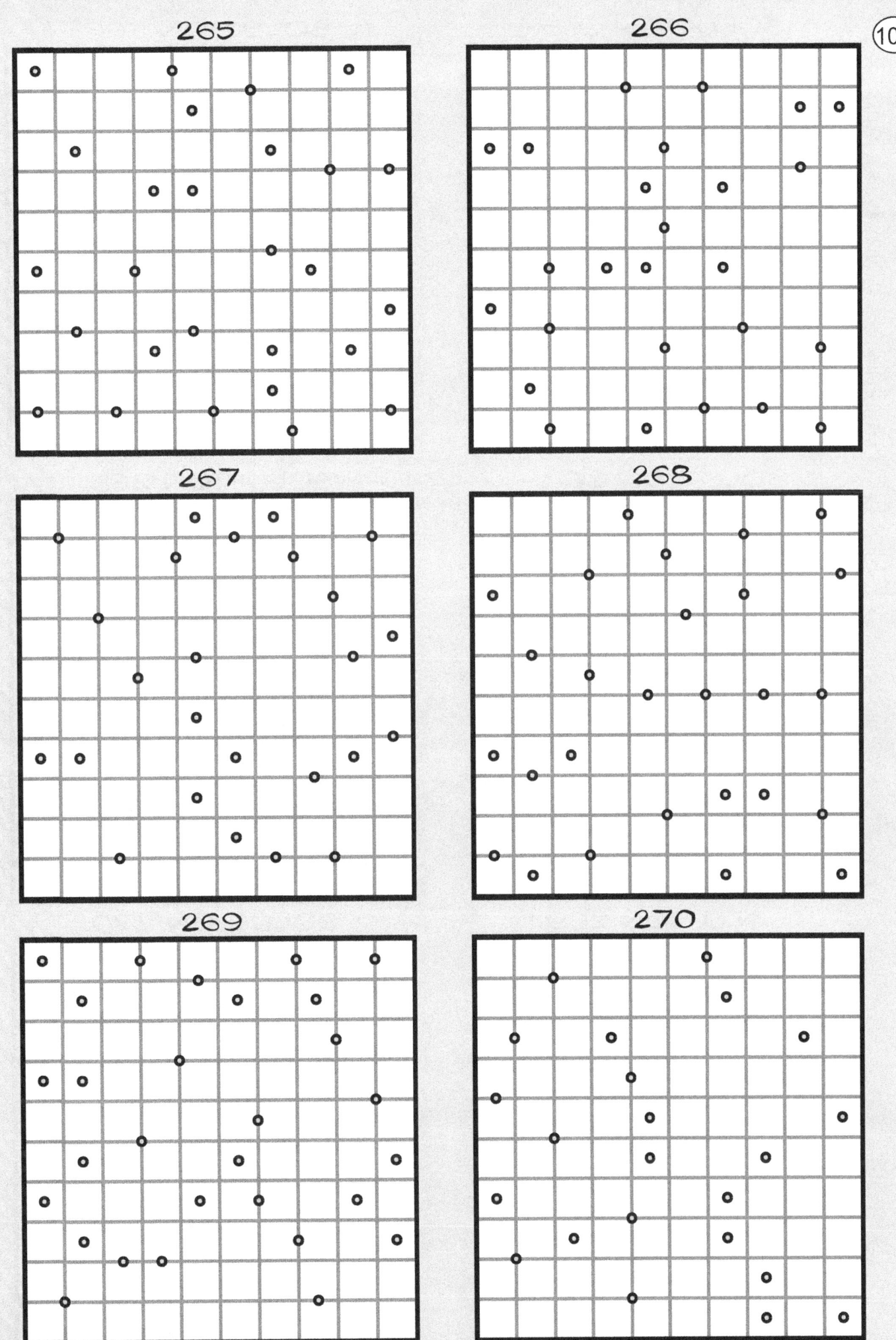

SOLUTION 265

SOLUTION 266

SOLUTION 267

SOLUTION 268

SOLUTION 269

SOLUTION 270